사르비아 총서 · 310

낙엽을 태우면서(외)

이효석 지음

범우사

차 례

■이 책을 읽는 분에게 · 7

화춘의장(花春意匠) · 19
수선화 · 33
녹음의 향기 · 36
낙랑다방기(樂浪茶房記) · 38
사온사상(四溫肆想) · 42
청포도의 사상 · 54
서 한 · 57
인물 있는 가을 풍경 · 60
샹송 도도오느 · 67
이등변 삼각형의 경우 · 74
낙엽을 태우면서 · 82
화 초 · 86
남창영양(南窓迎陽) · 89
이성간의 우정 · 93

상하의 윤리 · 97
HOTEL 부근 · 101
첫 고료 · 107
전원교향악의 밤 · 111
채　롱 · 114
동해의 여인(麗人) · 129
6월에야 봄이 오는 북경성(北鏡城)의 춘정(春情) · 132
여름 삼제(三題) · 137
처녀해변(處女海邊)의 결혼 · 142
주을(朱乙)의 지협(地峽) · 144
류경식보(柳京食譜) · 149
두 처녀상 · 154
영서(嶺西)의 기억 · 158
고요한 '동'의 밤 · 165
쇄　사(瑣事) · 172
그때 그 항구의 밤 · 177

내가 꾸미는 여인 · 183
발발이 · 185
뛰어들 수 없는 거울 속 세계 · 190
나의 수업 시대 · 194
미른의 아침 · 202
인물 시험 · 205
만습기(晩習記) · 208
들 · 211
야과찬(野菓讚) · 213
고도기(古陶器) · 216
애　완 · 219
한 식 일 · 223
구도 속의 가을 · 226
사랑의 판도 · 231
노령 근해 · 234

□ 연　보 · 251

■ 이 책을 읽는 분에게

1

아버지 이시후(李始厚) 씨의 맏아들로 1907년(융희 1년) 3월 23일 강원도(평창군 진부면 하진부리)에서 출생, 1942년 5월 25일 36세의 젊은 나이로 요절한 가산(可山) 효석은 이 땅의 순수 작가로서 많은 작품을 남긴 소설가요, 영문학자이기도 하다.

그는 경성제일고보를 거쳐 경성제대 법문학부 영문과를 졸업(1930)했다. 고보 재학 때는 유진오(兪鎭午)와 더불어 꼬마 수재라는 별명을 들었고, 경성제대 예과 때부터 교우지 《청량(淸涼)》과 동인지 《문우(文友)》에 작품을 쓰기 시작하더니 이어 재학 중에 자유 노동자의 생활을 그린 〈도시와 유령〉(《조선지광》, 1928. 7.)을 발표, 동반작가로 문단에 데뷔했다. 이로부터 세상을 떠날 때까지 그는 약 40여 편의 소설과 〈낙엽을 태우면서〉를 비롯한 40여 편의 수필 및 〈즉실주의의 길로〉라는 평론 외에 몇 편의 평론을 이 세상에 내놓았다.

이에 본고에서는 그의 수필 세계를 고찰코자 하거니와 본

론에 앞서 작가적 생애를 알아두는 것도 그의 작품(수필) 이해에 도움이 되리라 믿는다.

 1931년 이경원(李敬媛)과 결혼. 그 해 중학교 시절의 일인(日人) 은사의 주선으로 조선총독부 경무국 검열계에 취직한 지 보름도 못 되어 평론가 이갑기(李甲基)로부터 "너도 개가 되었구나"라는 욕설을 듣고 처가가 있는 경성(鏡城)으로 낙향, 그곳 경성농업학교 영어 교원으로 자리를 옮기고 말았다. 이 해에 소설 〈노령근해(露領近海)〉, 〈상륙(上陸)〉, 〈북국사신(北國私信)〉 등을 발표했고, 이듬해 장녀 나미(奈美)를 낳았다. 이때부터 그의 작품은 현실적 관심에서 관능적, 성적(性的) 인간 본능의 폭로가 시작된다. 즉 그의 단편 〈돈(豚)〉, 〈수탉〉 이후부터 좌익 문학의 퇴조와 더불어 종래의 경향파 문학의 요소를 깨끗이 씻고, 그의 본령인 순수문학으로 전향하기에 이른 것이다. 한편 1933년 구인회(九人會) 회원으로 활동하면서 평양숭실전문학교 교수로 전임 후에 차녀 유미(瑠美)를 낳았고, 〈분녀(粉女)〉, 〈산〉, 〈들〉, 〈메밀꽃 필 무렵〉 등 자연적 토착 세계의 리리시즘을 표현한 수작을 발표하여, 그의 순수문학적 명성을 떨치기 시작했다.

 이어 1937년 장남 우현(禹鉉)을 낳은 뒤에는 건필(健筆)을 계속, 성애의 본능을 그린 작품들로 화제를 모았다. 1940년에는 그의 장편 〈벽공무한(碧空無限)〉을 발표하고 아내를 잃자 만주·중국 등지를 소유(遡游)하였다.

 1942년 뇌막염으로 와병, 도립병원에 입원했으나 언어 불능과 의식 불명 상태에서 깨어나지 못한 채 향년 36세로 세상을 뜨고 말았다.
 그의 성격은 외유내강(外柔內剛)으로 옷차림도 스마트했고, 두주급(斗酒級)의 주량에 구두도 칠피단화(漆皮短靴) 여자 구두 모양의 형상에 장식이 있는 것을 즐겨 신고 다닌 멋쟁이였다. 이것이 그의 생애의 대충의 줄거리다.

2

 앞서 말한 바와 같이 효석의 초기 작품은 동반자적 세계에서 벗어나지 못했다. 동반작가란 과격한 정치적 문학 운동에 직접 참여하지는 않더라도 그 운동에 동의하고 그 경향에 보조를 같이 하는 작가를 말한다. 1924년 경부터 1931년 경까지 이 땅에는 이른바 프로 문학(좌익문학)이 득세한 때로 신문학사상 하나의 변조시대라 할 만한 시대였다.
 이효석의 이 무렵의 문학 경향은 직접 프로 문학에 가담하지는 않았다 하더라도 그에 어느 정도 보조를 같이 하는 동반적 태도를 취하면서 현실 고발의 리얼리즘적 경향을 보였다.
 그 뒤 프로 문학이 쇠퇴하고 일제정치가 야만화되는 정세를 맞이하자, 그는 이에 과감한 문학적 반항을 꾀하지 못한 채 과거의 문학적 경향을 버리고 순수문학 세계로 전향하기에 이른다. 한 마디로 말해서 그의 순수 문학으로서의 세계는 일제에 과감하게 반항할 수 없는 데서 비롯된 일종의 도피 문학으로서의 표방이기는 하였지만 이유야 어떻든 과거의 경향성을 씻고, 새 출발을 꾀한 자연성의 예찬인 그의 서정적 문학〔純粹〕 세계는 1930년대 우리 나라 낭만주의 문학의 최고봉을 이룩했음은 부인할 수 없는 사실이기도 하다. 지식인이 양심적 고민으로부터 결국 발견한 것은 자연의 서정적 세계였다고나 할까.

전기한 바와 같이 그가 자연 친근의 경향을 보이기 시작한 것은 1933년 작품 〈돈〉부터이다. 이후 작품 〈산〉, 〈들〉, 〈분녀〉, 〈성수부(聖樹賦)〉, 〈낙엽일기〉, 〈개살구〉 등은 모두 서정작품 계열에 속한 것들이다. 시적·서정적 경지의 토착적 자연주의와 탐미적 관능주의의 경향을 보이기 시작했다. 다시 말하면 인간의 본능적인 애욕적 면을 많이 추구하기에 이른다. 특히 그는 단편에 능한 작가였다. 그의 문장은 서정시적 경지를 보였으니, 그는 〈현대적 단편소설의 상모(相貌)〉라는 글에서 "진실을 추구해서 그 위에 높은 시의 경지를 창조해가는 곳에 작업의 제2단의 자각이 서야 할 것은 물론이다"라는 말만 보아도 그가 얼마만큼 작품을 서정적 시의 경지에까지 끌고 가려 했는가를 알 수 있다. 그는 자연 친근의 작품을 그리되, 그것을 토착적 자연주의와 탐미적 관능주의의 세계를 서정시적 문장으로 그렸던 것이다. 이것이 곧 그의 작품 세계였다. 그러면서 그는 밑바닥으로부터의 인간의 본능적 숨소리를 애욕적인 나체 속에서 들으려 했다. 자연적 본능으로부터 생명력의 모습을 찾으려 했던 것이다.

그에게 있어 애욕은 생명의 자연적 모습이었고, 그 자연적 모습은 곧 그의 순수문학 세계의 바탕이었다. 바꿔 말하면 그에게 있어 애욕은 애욕을 위한 애욕이 아니라 어디까지나 인간 본연의 것, 건강한 생명의 동력과 신비성을 추구하고자 하는 그런 생명해석으로서의 인간 본연의 생명력의 탐구였다. 우리는 그의 이러한 작품 세계를 여러 단편에서 읽는다. 〈돈〉, 〈산〉, 〈들〉 등에서 야생의 건강미를, 작품 〈오리온과 능금〉에서는 생명의 원소와 생명의 성장을, 〈메밀꽃 필 무렵〉에서는 애욕의 신비성을 각각 읽는다. 전술한 바, 이것들은 모두 인간 본연의 모습 추구에 그 뿌리를 박은 것들이다.

자연으로 돌아온 효석이 바로 그 자연으로부터 생명 본연의 모습을 찾으려 했던 것이다.

3

그의 일련의 수필들도 자연예찬 사상에 바탕을 둔 것들이다. 그것의 추구를 위한 그 나름대로의 자연의 해석이요, 그 해석은 바로 자연에 근간을 둔 인간(생명) 이해에로 이어진다. 대개 그의 소재는 자연으로부터 얻어진 것이요, 그 소재를 통해 싱싱한 자연의 산 모습과 신비성을 읽으려 한다. 다시 그로부터의 해석을 통해 인간의 생명력을 이해하려 했다.

여기에서 말한 그의 일련의 수필들은 바로 〈청포도의 사상〉, 〈녹음의 향기〉, 〈채롱〉, 〈화초〉, 〈수선화〉, 〈낙랑다방기(樂浪茶房記)〉, 〈늪의 신화〉, 〈주을(朱乙)의 지협〉, 〈낙엽을 태우면서〉, 〈남창영양(南窓迎陽)〉, 〈이성간의 우정〉, 〈이등변 삼각형의 경우〉, 〈고요한 동의 밤〉, 〈발발이〉, 〈미의 변〉, 〈모기장〉, 〈전원 교향악의 밤〉, 〈사랑하는 까닭에〉, 〈인물이 있는 가을 풍경〉, 〈HOTEL 부근〉, 〈첫 고료〉, 〈상하의 윤리〉, 〈서한〉 등을 말한다. 이들 수필 제목들에서도 엿볼 수 있듯이 대개는 자연을 소재로 한 것들이다. 그것들로부터 그는 자연의 아름다움과 신비성을 읽으려 한다. 자연을 읽되 서정시적 문장으로 그려간다. 즉, 자연의 아름다움을 찾아서 아름다운 문장으로 그리고 있다는 게 하나의 특색을 이룬다. 이것이 그의 수필에 있어 하나의 두드러진 특색일 것이다.

산문을 이야기하고 생활을 말하였을지도 모른다. 그러나 지금 생각하면 그것이 결코 현실의 회화여서는 안 된다. 천사의 말이요, 시의 구절이 있어야 될 것 같다. 검은 포도의 맛이 아름다웠던 것은 물론이다. 이 추억을 더한층 아름답게 하는 것은 종중(宗中)의 한 사람이 세상을 버렸음이다. 나머지 한 사람은 그 뒷소식을 알 바 없다. 영원히 가버렸으므로, 지금에 있어서 잡을 수 없으므로, 이 한 토막은 한없이 아름답다. 신비가 있었다. 생활이 빛났다. 지난날의 포도의 맛은 추억의 맛이요, 꿈의 향기다.

가을을 만나 포도의 글을 쓸 때마다 이 추억을 되풀이하는 것은, 그것이 청포도가 아니고 검은 포도였기 때문일까?

― 〈청포도의 사상〉

이 수필에서도 엿볼 수 있듯이 그는 자연〔葡萄〕에서 아름다움과 생명의 신비를 읽으려 하고, 그 맛으로부터 인생의 그리움과 추억의 의미를 찾으려 한다.

꽃은 다 좋은 것이요, 길바닥에 밟히는 하찮은 한 송이라도 버리기 어려운 것이지만, 꼭 한 가지만을 고르라면 장미를 취할까.

모양이며, 향기며 장미는 뭇 꽃을 대표할 만하다. 장미의 상징이 공통되고 단일함도 그 까닭일 듯하다. 장미의 호화로운 특징은 누구에게나 직각적이요, 선명하다. 번즈가 노래한 장미도, 르누아르가 그린 장미도, 그 속뜻과 상징은 같은 것이다.

— 〈녹음의 향기〉

그는 자연 중에서도 유독 꽃을 사랑하고 즐겼다. 꽃을 사랑함은 한 마디로 자연의 아름다움에 대한 사랑과 그에의 친근을 대변하는 것이 된다. 즉, 자연과의 정애를 의미한다. 이런 꽃에 대한 정애의 수필은 〈화초〉에서도, 〈수선화〉에서도 엿보인다. 이것들은 모두 꽃의 얘기다. 그 아름다움의 수필화다. 그런데 그의 자연 친근에서 엿볼 수 있는 특징의 또 하나는 자연을 자연 그대로 바라보는 데서 끝나지 않는 점이다. 가령 한 송이 꽃을 사랑하는 경우에 있어서도 그는 그것을 완상(玩賞)에서 끝나려 하지 않는다. 눈을 통해선 아름다움을 보고, 그 아름다움을 손으로 어루만지며 또한 코로는 냄새를 맡으면서 그 아름다움을 귀로 들으려 한다. 오관을 통해 아름다움을 송두리째 지각하려는 꽃에 쏟는 애정의 친근을 보인다. 그만큼 그는 아름다움을 사랑했던 사람이고, 그 아름다움을 시적 경지에의 서정문으로 그렸던 수필가였다.

벚나무 아래에 긁어 모은 낙엽의 산더미를 모으고 불을 붙이면, 속의 것부터 푸슥푸슥 타기 시작해서 가는 연기가 피어오르고 바람이나 없는 날이면 그 연기가 얕게 드리워져 어느덧 뜰 안에 가득히 담겨진다. 낙엽 타는 냄새같이 좋은 것이 있을까. 잣 볶아낸 커피의 냄새가 난다. 잘 익은 개암 냄새가 난다. 갈퀴를 손에 들고는 어느 때까지든지 연기 속에 우뚝 서서 타서 흩어지는 냄새를 맡고 있노라면 별안간 맹렬한 생활의 의욕을 느끼게 된다. 연기는 몸에 배어 어느 결엔지 옷자락과 손등에서도 냄새가 나게 된다. 나는 그 냄새를 한없이 사랑하면서 즐거운 생활감에 잠겨서는 새삼스럽게 생활의 제목을 진귀한 것으로 머릿속에 떠올린다.

―〈낙엽을 태우면서〉

이 수필에서 우리는 또다시 그의 자연에 쏟는 미적 탐구의 일면을 본다. 냄새로 맡는 자연의 아름다움이다. 그 낙엽이 타는 향기로부터 생활의 의욕을 느낀다는 것은 분명 자연예찬 사상에 바탕을 둔 그의 생활관을 보인 말이다.

그의 수필에서 엿볼 수 있는 특색의 또 다른 하나는 그가 추구하고 있는 자연예찬을 서구적 감각에 결부시키고 있다는 점이다. 그의 자연예찬에 있어 토착적 자연주의와 탐미적 관능성을 파헤친 일련의 단편들에서는 이러한 서구적 감각은 엿볼 수 없으나 수필에서는 그러한 감각과의 결합을 엿보게 한다.

한 송이 장미를 바라보면서 번즈가 노래한 장미를, 르누아르가 그린 장미를, 그 장미의 냄새로부터 서양배(梨)의 냄새를, 그런가 하면 낙엽을 태우면서 커피 냄새를, 그리고 산과 초목과 냇물로부터 아름다운 서구의 음악을 듣는 것 등은 모두 그것과의 결합을 보인 것이 된다. 서구적 감각의 작용이다. 그가 영문학자이고 보면 서구로부터 받아들인 감각적 작용을 능히 이해할 수 있다.

앞서 말한 바와 같이, 그는 산천 초목의 아름다움을 보고 그것을 사랑할 줄도 알며, 그로부터 좋은 음악과 한잔의 커피를 그리는 취미 정도는 능히 다질 만한 수필가였다. 그가 이토록 자연을 서구적 감각에 결부시키면서 읽으려 함은 곧 자연 이해의 확대를 보인 것이 된다. 자연을 보고 읽되 서구적 미의식으로 읽으려 함은 그가 영문학으로부터 얻은 미학의 이해에서 비롯된 것임을 말하는 것이 된다. 이것 또한 자연 이해의 한 방편으로 보아야 할 것이다.

4

이상에서 우리는 이효석의 자연예찬 사상에 바탕을 둔 그의 문학관과 그 문학관에 뿌리를 내린 수필 정신을 엿보았다. 그러나 한 가지 그의 수필에서 지적하고 싶은 바는 자연예찬 사상과 서정시적인 매끈한 표현에 비해 인간이 살아가고자 하는 생활적 정신 세계의 빈곤을 느끼는 점이다.

그의 수필에는 자연의 신비가 있고 아름다운 자연의 미가 있으되, 그 속엔 사람이 살아가는 생활 실체의 모습이 없다. 오직 자연의 아름다움과 신비성을 찾는 '나'가 있을 뿐이다. 그 자연과 함께 사는 인간의 절실한 움직임이 없고, 그것을 꿰뚫으려는 괴로운 몸부림의 인간 생활이 없다. 이것은 그의 소설 세계에서도 엿볼 수 있는 일면이다. 그의 순수 문학 정신이 현실도피로부터 비롯된 자연예찬이고 보면 이 점에 대해서는 능히 이해할 만하지만, 그렇기 때문에 또한 그의 수필이 생활 전체와의 접근이 없는 순수 문학의 환상적 기법을 그대로 적용한 것이라는 말을 듣는 원인이 되기도 하는 것이다.

아무튼 그의 수필이 자연 친근을 그린 데서, 인간의 실체 생활과의 접근이 부족하고 또 환상적 기법으로 그렸다 할지라도 자연예찬에 보인 자연추구와 그것의 서정시적 표현은 이 땅의 수필문 형성에 있어 하나의 서정문의 본보기를 보여 주었다고 해도 손색이 없을 것이다.

장백일(국민대 명예교수 · 문학평론가)

낙엽을 태우면서(외)

화춘의장(花春意匠)

미(美)의 변(辯)

오랑캐꽃이 시들고 개나리와 살구꽃이 한창이요, 이어 벚꽃의 만발이 날을 다투고 있다. 모란대 일대는 관화(觀花)의 준비로 아롱기둥에 등을 달고 초롱을 늘이고 초초(楚楚)한 치장으로 화려한 날을 등대하고 있다.

해마다 관화의 풍속이 풍류스럽다느니보다 이제는 벌써 일종의 퇴색적 속취(俗臭)가 먼저 눈에 뜨이게 된 것은 사실이나 시절의 꽃을 대할 때 즐겨하고 상(賞) 줌이 사람의 상정(常情)인 이상 역시 일맥의 아취(雅趣)를 부정할 수는 없으며 이 속을 일률로 야속시(野俗視)할 수만은 없는 것이다.

꽃은 무슨 꽃이든 간에 다만 꽃이라는 이유만으로 충분히 아름다운 것이며, 가령 발아래 밟히는 미천한 한 송이라도 노방의 돌멩이나 흙덩이의 유는 결코 아닌 것이다.

아름다운 것을 아름다운 것으로 인정하여 시절시절의 꽃을 반기는 마음으로 맞이하고 나아가 사랑하고 완미함이 떳떳한 마음의 통리(通理)가 아닐까? 꽃이 아름답다고 생각될 때 비록 그것이 홍진(紅塵)의 속이라 하더라도 속중(俗衆) 속에 휩쓸려 천치 같은 얼굴을 지니고 꽃길을 밀려가며 잠시 흥겨워하기를 인색하게 하지 않는 곳에 너그럽고 넉넉한 아량이 있을 뿐 아니라 그렇게 함이 참으로 아름다운 것을 아름다워하는 소이가 아닐까.

아름다운 것을 다만 아름답다고 생각하는 것과 아름다운 것을 참으로 아름다워하는 것과는 뜻이 다르다. 방 속에 묻혀 뜰의 꽃을 아름다우려니 환상만 하고 있는 것보다는 몸소 뜰에 나가 그 꽃을 구경함이 나으며, 팔짱을 끼고 다만 꽃을 바라보는 편보다는 손수 한 포기를 떠다가 뜰 앞에 옮기거나 꺾어다가 책상 위에 꽂는 편이 몇 층이나 더 보람 있는지 모른다.

그까짓 꽃 누가 아름다운 줄 모르랴 하고 꾀바른 얼굴로 단 한 마디 비웃어버리는 사람과 묵묵히 그것을 뜰 앞에 가꾸는 사람과의 차이는 동일에 논할 바 아닌, 거의 종족의 차이가 있는 것이다. 전자의 소극성에 비하여 후자의 적극성 건설성이야말로 사람으로서 바라야 할 바며, 이 길만이 인류의 생활을 승양시키고 문화를 진전시키는 동력이 되는 것이다. 시절시절의 꽃은 될 수 있는 대로 알뜰히 맛보고 즐겨하여 우리의 생활권 내에 탐스럽게 섭취함이 옳은 길이며 그것이 소여(所與)의 생활을 충분히 영위하는 까닭이 된다.

대체 봄에서 시작되어 여름, 가을까지 연달아 오는 시절의 미의 태반은 참으로 꽃과 수목에 기인한다. 화단과 초목의 색채와 향훈(香薰)과 음영(陰影) 없이 시절의 미는 없다.

백화가 요란한 동산에 나비와 벌이 모이고 수목이 우거진 곳에 아름다운 새들도 날아든다. 꽃 그림자를 밟고 나무 그늘에 설 때 여인(麗人)은 한층 향기를 더한다. 세상에 아름다운 것은 많으나 식물의 인식을 떠나 홀로 초연히 빛나는 것은 드물다. 하늘과 바다가 한층 아름다운 것은 푸른 수목의 풍경을 상대로 가질 때요. 달과 별은 수풀을 비칠 때 풍성한 생각이 나고 강물은 버드나무 선 연안을 흐를 때 갑절 윤택 있는 것이다.

 여인의 붉은 저고리는 꽃빛으로 물들인 것이요, 로브 데콜테는 나비의 날개를 흉내낸 것이다. 꽃이 피고 싹이 나기 시작할 때부터 참으로 모든 것이 아름다워진다. 가벼운 의상의 여인들의 눈동자를 보라. 그것은 확실히 겨울의 그것은 아니다. 분홍으로 물든 것은 아마도 꽃빛을 비추었음이리라. 그것이 사람이든 꽃이든 나무이든 간에 걸음을 멈추고 잠깐 그 미에 취함은 시인만의 풍속이어서는 안 된다. 비록 한 조각의 구름이나 한 마리의 양이라 할지라도 머물러서서 그 미를 완미하고 섭취하여서 생활 내용을 풍부하게 함이 누구나가 뜻하여야 할 삶의 길이 아니면 안 된다.

 미의 특권같이 큰 것은 없다. 미는 미를 인정하지 않는 사람까지 감동시키고야 만다. 굳이 콕토의 말을 빌려 올 것도 없이 미의 위력같이 큰 권위를 나타냄은 없다. 미는 말하지 아니하고 자랑하지 아니하고 뽐내지 아니하나 스스로 무언의 위력과 침묵의 권위를 발휘하여 접근하는 대중으로 하여금 모르는 결에 매혹하게 하고 찬미하게 하고 복종하게 하고야 만다.

세상에서 미 이상으로 지배적인 것은 없으니 제아무리 위대한 지상의 것이라도 미 앞에서는 숨결이 어지러워지며 말이 없어진다. 미는 말을 빼앗고 항의를 용납하지 아니하고 도전의 의사를 미전(未前)에 말살소진(抹殺消盡)시켜버리는 까닭이다.

가령 힘 앞에는 잠시 굴복하는 한이 있더라도 마음까지 빼앗기는 법은 없으나, 미에의 굴복은 절대적이어서 혼연무구(渾然無垢)의 진정이 있을 뿐이지 울적한 반의를 마음 속에 내포할 겨를 주지 않는다. 산을 뽑을 웅사(雄士)라도 미 앞에서는 무장 풀기를 부끄러워하지 않으며, 드디어 그 노예가 되기를 자원한다.

미는 결정적이고 운명적이고, 따라서 때때로 비극적이다.

구름의 미는 구름에만 부여된 것이요, 장미의 미는 장미 이외의 것에서는 구할 수 없으며 꾀꼬리의 미는 꾀꼬리만이 가지는 것이요, 사람의 미 또한 그러하다.

갑의 미는 을의 미와 구별되며 병의 미가 아무리 탄식한대야 정의 미를 빼앗을 수는 없다. 삼각의 한 귀퉁이에서 사랑에 울고불고하는 가련한 이의 비극을 뉘 알랴. 벌써 잔인하게도 미의 신이 결정해버린 것이다. 미의 신은 냉정하고 고집쟁이여서 이런 비극에는 구원의 여지조차 없다. 미는 그것이 가져오는 기쁨이 무한히 큰 반면에 그것이 요구하는 희생 또한 크다. 그러나 사람이 요구하는 것은 항상 그 기쁨이므로 음산한 희생의 이야기는 여기에서는 금물이다.

아름다운 물건은 영원의 기쁨, 그것은 결코 사라지는 법 없이 갈수록 귀여워지며 우리에게 축배를 주고 안식을 주고 꿈을 주고 건강을 주고 편안한 호흡을 주고……

너무도 유명한 키츠의 이 노래는 미의 덕을 말하여 남김이 없다. 아름다운 것이 주는 기쁨 가운데에서 가장 큰 것은 꿈과 건강과 감격이며, 이것을 얻을 때 비로소 생명의 보람이 난다. 미는 참으로 사람의 영원한 추구의 대상이며 낮이나 밤이나 한결같이 염두를 지배하는 영원한 제목이다. 하루 한 때라도 자신의 미 의식과 자각 없이 호흡하는 여인이라는 것을 우리는 상상하기 어렵다.

미는 생명의 동력이요, 무상의 보배요, 지상의 특권인 것이다.

미를 말할 때 반드시 경제를 설명하고 역사를 캐야 한다면 치열(稚劣)의 비웃음을 면하지 못할 것이다. 역사는 객관을 변경하고 객관이 주관을 규정하기는 하나 몇 세기쯤의 시간이 미의식의 기준을 그렇게 호락호락하게 뒤집어엎을 수는 없다.

천 년 전의 여인은 오늘에도 여인일 것이며, 오늘의 기계미는 고인의 또한 찬탄할 바 되겠고, 한 송이의 장미는 고금의 시재(詩材)로 쓰이지 않았던가.

미는 향기로써 감동만을 요구하고 비판을 거부하는 것 같다. 굳이 비판을 시험할 때에는 향기는 그만 사라져 버린다.

고전미나 낭만미나 현실미나 각각 그 미의 본질에 관한 한 근본적인 차이는 개재하지 않는 것이며, 필요한 것은 그 감상의 태도요, 중요한 것은 될 수 있는 대로의 감동을 탈취함

화춘의장 23

이다.

 소포클레스의 비극미에 몸을 떠는 사람이면 햄릿의 낭만미에 감동할 것이며, 내려와 살로메의 퇴폐미(頹廢美)에 구태여 눈썹을 찌푸릴 것 없이 솔직하게 취하여 봄도 일흥일 것이다. 이 영역에서 감동한 사람이 다시 내려와 고리키의 어머니의 거동에 가슴을 조인다고 하여도 결코 모순은 아니며, 숄로호프의 〈악씨이냐〉에게 끌려도 무관한 것이다. 미에 관한 한 일률로 역사를 고집함은 고루하고 천박하게 보일 뿐이다.

 역사보다는 차라리 지리를 생각함이 미의 관찰을 도울 것 같다. 지리적으로 살펴볼 때 아무래도 미의 부여와 조건의 분배가 균등하지 못함은 웬일일까.

 우리는 우리의 주위와 생활 속에서 얼마나 많은 미를 보고 가졌는가. 미의 인식은 오로지 마음의 문제라고만 뻗대지 마라. 미를 받아들임은 마음이나, 객물(客物) 자체의 미를 거부할 수는 없는 것이다. 주위를 살필 때 아무리 옹호의 정을 가지고 보려 하여도 아름다운 것이 흔하지는 못하다.

 편견과 고집을 가지고 없는 것을 억지로 과장하려고 하고 회고의 감상에 잠김은 무의미한 일이요, 차라리 없는 것은 없다고 솔직하게 털어놓고 허심탄회로 새로운 아름다운 것을 꾸미려고 애씀이 창조적일 것이다.

 여원 땅에서 무엇이 아름답게 자랄 수 있으랴마는 바탕조차 아름답지 말라는 법은 없는 것이다. 한 떨기의 꽃, 한 포기의 풀은 그만두더라도 자연 전체가 결코 풍부하지 못함을 어찌하랴. 그 속에서 자라는 사람과 생활 또한 아름다운 것은 유심히도 결핍하다.

　이러한 미의 빈곤은 대체 무엇에 기인한 것일까, 역사의 사연을 전연 부정할 수는 물론 없으나, 그러나 바탕의 빈곤에 이르러서야 역사 스스로 간연(間然)할 바는 못 되는 것이다. 지리적·천연적, 거의 숙명적인 것이 아닌가 한다.

　가령 임의의 하루를 생활하는 동안에 우리는 대체 몇 차례의 미의 감동에 사로잡히는가.

　집에서 기동하고 직장에서 일하고 거리를 왕래하는 동안에 문득 미적 감동에 숨을 죽이고 감격에 잠김이 몇 번이나 되는가.

　진귀한 나뭇가지를 바라보고 우두커니 섰다든가 아름다운 눈동자를 발견하고 가슴을 쑤물거리게 하였다든가 따뜻한 인정의 일면에 접하여 마음을 녹였다든가하는 경험은 평일(平日)에 있어서 극히 드문 것이요, 대개는 삭막한 날의 연속이 있을 뿐이다.

　기회가 있어 아름다운 음악을 듣거나 소설의 흥미 있는 페이지를 펴거나 묘한 상념에 잠기거나 할 때에 우리는 미감에 잠겨 생명의 약동을 느끼게 되나 돌이켜보아 그 음악이나 소설의 재료가 누구에게 속하는 것인가에 생각이 이를 때 마음은 무거워진다.

　그 모든 아름다운 것은 외래의 것이요, 이곳의 것은 아닌 것이다. 이곳의 것으로 참으로 아름다운 것이 얼마나 있고 풍요한 것이 얼마나 되는가, 수목이나 자연의 풍물을 제외하고 인간적인 것으로 가령 서반구의 아름다운 것을 당할 만한 무엇이 이 땅에 있는가.

서양의 미에 비하여 우리의 것이 너무도 초라하게 느껴지는 것은 편견도 아무것도 아니다. 인간이나 생활의 미에 있어서 이곳의 것이 그곳의 것에 비길 바 못 된다고 말하여도 그것은 반드시 독단과 편기(偏嗜)에서 나오는 말만이 아닐 듯하다.

생활의 미를 말할 때에 나는 반드시 그곳의 문명과 발달된 자본주의를 가리키는 것이 아니다. 원형 그것, 바탕 그것이 이미 충분히 아름다운 것이며 이 점에 있어서 우리는 한 큰 특권을 운명적으로 당초부터 잃어버리고 있는 셈이다.

미의 특정한 기준이 다른 것은 없겠으나 바닷빛 눈과 낙엽빛 머리카락이 단색의 검은 그것보다는 한층 자연율에 합치되는 것이며 따라서 월등히 아름다움은 사실이다.

색채만을 말하더라도 그들은 생활의 제반 의식에 자연색을 대담하게 모방하여 생활을 미화하니 예를 들어 각인각색의 다채로운 의장은 그대로가 바로 화단의 미를 옮긴 것이 아닐까. 나아가 그들의 예술에 대해서도 같은 말을 할 수가 있다.

바탕이 빈한한 우리의 길은 될 수 있는 대로 미의 창조에 힘씀에 있다. 자연에 대한 미 의식을 왕성히 배양하고 자연물의 형상 색조 의장을 생활의식에 알뜰히 이용하여 나아가 독창적 발명을 더하여 생활을 재건함에 있다. 적어도 초가의 흙벽에는 칡덩굴을 캐어다 올리고 의상에 일층의 색채를 이용할 만한 대담성과 비약이야말로 소원의 것이다.

행(行)의 변(辯)

집 뒤에 주택지대로서는 드물게 오십 평 가량의 집 아닌 밭이 있다. 시절이 되면 야채와 화단이 가득히 우거져 회색 벽과 붉은 지붕만의 전후로 들어선 이 구역 안에 있어서 스스로 한 폭의 신선한 풍물을 이루어 옆길을 지나는 사람으로 하여금 잠시 발을 멈추게 한다.

붉은 튤립의 열 옆으로 나무장미의 만발한 이랑이 늘어서고 달리아가 장성하며 한편에는 우방의 윤엽이 온통 빈틈없는 푸른 보료를 편다. 가구(街區)에서는 좀체 얻어 볼 수 없는 귀한 경물이니 아침 저녁으로 손쉽게 그것을 바라볼 수 있는 나는 자신을 행복스럽게 여긴다.

그 한 조각의 밭을 다스려 아름다운 꽃을 보이는 사람은 놀라운 재인도 장정도 아니라 별사람 아닌 한 사람의 육십을 넘은 노인인 것이다.

봄에 씨를 뿌려 꽃을 피우고 가을에 뒷거름을 마치고 다시 갈아엎을 때까지 그 밭을 만지는 사람은 참으로 그 육십 노인 단 한 사람인 것이다.

씨를 뿌리기 시작한 날부터는 하루도 빠지는 날이 없이 아침만 되면 노인은 보에 쟁기를 싸가지고 어디선지 나타난다. 살수(撒水), 중경(中耕), 시비(施肥), 제초(除草), 배토(培土)—— 그때그때를 따라 일과에는 조금의 소홀도 없으며 일정한 필요의 과정이 오십 평의 구석구석까지 알뜰히 미쳐 이윽고 제때에 아름다운 성과를 맺게 한다.

노인은 허리가 휘고 기력이 부실하나 서두르는 법 없이, 지치는 법 없이, 말하는 법 없이 날이 마치도록 묵묵히 일하며 그의 쟁기가 미치는 뒷자취는 나날이 면목이 새롭고 아름다워진다. 침착하게 움직이는 그의 모양을 바라볼 때 거기에는 노고의 의식의 표정은 조금도 눈에 뜨이지 않으며 도리어 한 이랑 한 이랑의 흙을 아끼고 사랑하는 그 거동에는 만신에 희열이 드러나보인다.

때때로 얼굴이 마주칠 때의 아이같이 방긋 웃어 보이는 동심의 표정을 읽으면 그는 피롭게 노동하고 있는 것이 아니라 그 오십 평 속에서 천진하게 장난하고 예술하고 있는 것이라고 번역된다. 참으로 오십 평 속에서의 그의 생활이 싫은 노역이 아니라 즐거운 예술이라고 보여진다. 근로와 예술을 동시에 가진 생활, 생활의 미화, 노동의 예술화, 한 진부한 어음(語音)인지는 모르나 노동의 참된 경지를, 그 구체적 실례를 나는 그 노인에게서 보는 것이다.

생산만이 아니라 미를 겸했으며 미만이 있는 것이 아니라 생산의 열매가 아울러 온다. 반드시 꽃다발을 가꾸게 됨으로써의 미를 일컬음이 아니라 만족스런 노동의 표정의 미를 말함이다.

노인의 모양을 일 년 동안이나 방관한 나의 관찰에는 그릇됨은 없을 것이다. 봄을 맞이하여 다시 노인의 아용(雅容)을 나날이 바라보게 된 이래 나는 이 생각과 감동을 다시 마음 속에 일으키게 되었다. 해가 저문 때 일을 마치고 글거리를 모아 밭 가운데 불을 피워 향기로운 연기 속에서 몸을 쪼인 후 옆 개울에서 손발을 씻고 쟁기를 수습하여 가지고 돌아가는 그의 모양——그것이 솔직하게 나의 마음을 울리고 기쁘게 한다.

한편 그의 착실한 자태를 바라볼 때 나는 그 허리 굽은 노인의 여일한 생활의식에 비겨 자신이 때때로 월등 저하되고 소침됨을 깨닫고 부끄러운 생각을 마지 못한다. 주기적으로 생활의욕이 급거히 저락되고 침체된 일종의 '푸라토오'의 지대에 다다르게 될 때 주위가 어둡고 진퇴가 귀찮고 우울 저미(低迷)되어 결과는 생활력조차 감퇴하여 버린다.

욕심이 없고 희망이 없는 탓이라면 노인의 앞에 너무도 보람 없고 비굴하여 얼굴이 붉어질 지경이나 솔직하게 말하여 그 대체 희망이라는 것이 어떤 내용, 어느 정도, 어느 거리의 것인가를 생각할 때 역시 답답해지는 것이 당연하며 뜻 없는 명랑은 도리어 천치의 소이로밖에는 생각되지 않는다. 같은 세대의 젊은이들에게 그대는 생활의 신조를 어떻게 세웠느냐고 묻고 싶은 때조차 있다. 빈틈없는 이론으로 든든히 무장을 해본다 하더라도 행동이 없는 이상 갑을 흑백을 어떻게 가린단 말인가. 참으로 웃을 수 있는 사람은 웃어보라고 다시 청해보고 싶다. 우울을 말할 때가 아닐는지는 모르나 때때로의 생활의식의 저조에는 너무도 절실함이 있다.

어찌할 바를 모르는 것이 아니라 길이 없는 것이다. 여기에 좀체 구하기 어려운 저미의 근인이 있기는 있는 것이다. 그러나 그렇다고 허구한 날 상을 찌푸리고만 지낼 수도 없는 노릇이니 가까운 손잡이를 잡고 억지로라도 '푸라토오'를 정복하고 식물 이하의 무기력에서 식물 이상의 행의 생활로 애써 솟아올라야 할 것이다. 육십 노인에는 지지 말아야 할 것이니 그의 생활 법도와 행의 신조를 알뜰히 배워 자신의 행의 영위를 생색 있고 보람 있게 하려고 힘씀이 옳은 길이 아니면 안 된다. 미 의식을 왕성히 북돋아야 할 것은 물론이요, 그것을 넘어 먼 광경이나마 아련히 바라보려고 애써야 할 것이다.

　나는 가끔 지난해 가을의 하루를 마음 속에 떠올리고 그것을 생각할 때마다 한 줄기의 생기를 느끼곤 한다.

　H에게 끌려 근교의 고적(古蹟) 지대에서 보낸 늦은 가을의 반 날—아마도 그때 나는 마침 생활의 '푸라토오'의 시기에 걸려 있던 탓인지 웬일인지 그 날이 의외에도 큰 뜻을 가지고 마음을 사로잡은 까닭에 그 날을 소설로 표현해 보려고까지 생각했던 것이다.

　고적지대에 가서 폐허를 돌아보고 사진을 찍고 옛날을 생각하고 감회에 잠기고 기왓장을 주운 정도의 행쯤에 그다지 감격할 것이 있느냐고 비웃음을 받을지도 모르나 중요한 것은 그 친구의 진지한 태도인 것이다. 그가 그 반 날 이전에 어떻게 지냈으며 반 날 이후에 열정이 어느 정도로 지속되는지는 알 바도 아니고, 문제도 아니며 다만 그 반 날에 보니 그 열정 그것만으로도 나의 마음을 울리기에 족하였던 것이다.

　그 열정의 내용과 종류와 방향 여하를 시비함은 어리석은 일이지만 공연한 일반적인 침체 속에서 그만한 열정도 귀한 것임을 알아야 한다.

　그 날 오후, 그 전날 기차로 왔다는 친구의 돌연한 방문을 받고 잠깐 동안 잡담을 건네다가 권고에 그를 쫓아나가 모란대의 수풀 속을 지나 홍부리를 거쳐 산위 고적지대에 이르렀을 때까지도 나는 다만 산보의 뜻인 줄만 알았다. 그때까지의 그를 나는 다만 한 사람의 저널리스트로 알고 음악비평가로 기억하였을 뿐이므로 고적 연구차로 그곳을 찾은 줄은 미처 짐작할 수 없었던 까닭이다.

그의 속뜻을 차차 나에게 알리게 한 것은 그의 심상치 않은 열성스런 태도였다.

그곳 일대의 토성(土城)이 천삼사백 년 전 고구려 장수왕이 도읍하였던 뒷자취라는 것도 물론 나에게는 초문이었으나 그의 여러 가지의 전문적 설명은 오로지 나를 놀라게 하고 눈을 다시 뜨게 하였다.

돌을 집어올려 모양을 살피고 기와를 집어올려서는 무늬를 연구하였다. 기괴한 느낌을 마지못한 것은 풀을 뜯어 굵은 새끼를 바로 꼬고 외로 꼬아서는 기와의 무늬에 맞춰보는 것이었으니 그것으로써 옛날 종족의 유별을 가릴 수 있다는 설명을 듣고 그 간단한 거동에도 나는 가볍게 감탄하는 수밖에 없었다.

연구의 주제는 그때의 종족이 어느 방향으로 몰려 왔는가의 점에 걸려 있어서 그는 허다한 설명을 아끼지 않았으나, 고고학에 대하여 백지인 나에게는 그 많은 지식을 완전히 새겨들 힘이 부침을 어쩌는 수 없었다.

다만 저무는 해를 붙들어서 조급하게 성터의 모양을 사진에 수습하고 밭 기슭에 섰을 때에 나에게는 스스로 다른 감회가 솟아올랐다. 밭 기슭에는 소와 산양이 매어 있고 초가에서는 저녁 연기가 솟아올랐다. 유유한 강산을 굽어보고 옛 종족의 후예임이 틀림없을 마을 주민의 생활을 생각하고 다시 옛일을 추상할 때 스스로 유구한 역사의 감회가 유연히 솟아 친구의 하는 일의 속도 그럴 듯이 짐작되고 거기에 새삼스럽게 한 뜻을 발견할 수 있었다.

　한 잎의 기왓장을 기념으로 나누어 받아가지고 같이 산을 내려와 마을을 지나 벌써 어두워가는 긴 둑을 느릿느릿 걸어서 요양원께에 이르렀을 때에 그 섬돌 위에 놓인 초록색 하이힐의 아름다운 모양을 멀리서 바라보고, 보지 못한 그의 주인공을 상상하고, 타진하고 짐작하면서 그 실없는 짓에 껄껄 웃으며 일종의 멋대로의 애정(哀情)을 그 파랑 구두의 임자에게로 보냈으니, 그것은 그 유쾌하였던 반 날의 한 줄기 아름다운 여운인 셈이었다.

수선화

 내가 만약 신화 속의 미장부(美丈夫) 나르키소스였다면 반드시 물의 요정(妖精) 에코의 사랑을 물리치지 않았으리라. 에코는 비련에 여위고 말라 목소리만이 남았다. 그 벌로 나르키소스는 물 속에 비치는 자기의 그림자를 물의 요정으로만 여기고, 연모하여 초려(焦慮)하다가 물 속에 빠져 수선화로 변하지 않았던가. 애초에 에코의 사랑을 받았던들 수선화는 세상에 태어나지 않았을 것이다.
 이른 봄에 피는 꽃으로 수선화에 미치는 자 없으나 유래와 전설이 슬픈 꽃이다. 애잔한 꽃판과 줄기와 잎새에 비극의 전설이 새겨져 있지 않은가.
 이왕 꽃으로 태어나려거든 왜 같은 빛깔의 백합이나 그렇지 않으면 장미로 태어나지 못하고 하필 수선이 되었을까. 쓸쓸하고 조촐하고 겸손한 모양, 기껏해야 창 기슭 화병에서나 백화점 지하실 꽃가게에서 볼 수 있는 것이지만, 그 어느 때 본들 화려하고 찬란한 때 있으리.

언제나 외롭고 적막한 자태. 서구의 시인들같이 벌판에 만발한 흐뭇한 광경을 보지는 못했으나 그 역시 그 빛깔, 그 자태로는 번화하고 명랑할 리는 없다.

원래가 슬프게 태어난 꽃이라 시인들은 자꾸 슬프게만 노래한다. 수선은 자꾸자꾸 슬픈 꽃으로만 변해간다.

어릴 때 벌판에서 수선화를 뜯고 놀던 마이켈과 라이온은 자라자 한 사람의 소녀 메리로 말미암아 수선화 핀 그 벌판에서 드디어 사생을 결하려다가 두 사람 다 자멸해 버린다. 슬픈 노래 중에서도 이《수선화 피는 벌판》같이 슬픈 시도 드물다.

수선화 자신의 허물이기는 하나 슬픈 인상만을 더하게 해가는 데는 이런 시인의 죄가 또한 큰 것이 아닐까.

사랑하는 사람에게 보낼양으로 수선화의 묶음을 사들고 나서는 소녀같이 가엾은 소녀는 없을 것이며, 병들어 누운 그리운 사람에게 수선화의 분을 선사하는 사람같이 어리석은 사람은 없다. 같은 값이면 백합이나 장미나 프리지어를 선사함이 옳을 것이다. 하필 수선을 고를 필요는 없는 것이다. 백화점 지하실에서 운명의 유래에 떨면서 뉘 손을 거쳐 뉘 방으로 가게 될까를 염려하고 있을 수선화의 목숨을 상상해보라. 자신의 신세가 애처롭기는 하나 굳이 비극을 사갈 사람은 없을 법하다.

다행으로 아직 수선의 선물을 보낸 적도, 받은 적도 없거니와 앞으로 받게 된다면 신경의 관념에 사로잡히지 않을까를 두려워한다.

언제인가 오랜 병석에 누웠을 때 시네라리아의 화분을 선사한 이가 있었다. 나중에 이 이야기를 듣고 석의 꽃은 내 것이라고 펄쩍 뛴 친구가 있었으나 시네라리아 화분은 수선화의 묶음보다는 그래도 낫지 않을까 생각된다.

　세상의 젊은 남녀들이여, 수선화의 선물을 삼갈 것이다.

　스스로 비극을 즐겨하고 전설의 환영을 사랑하는 이는 예외이나, 슬픈 병에다 수선화를 꽂아두고 차이코프스키의 〈파세틱〉을 들으며 멸망의 환상에 잠기는 것은 비참한 아름다움이다. 수선화는 참으로 그때의 소용인 것이며, 그때의 빛나는 꽃이 아닐까.

녹음의 향기

꽃은 다 좋은 것이요, 길바닥에 밟히는 하찮은 한 송이라도 버리기 어려운 것이지만, 꼭 한 가지만을 고르라면 장미를 취할까.

모양이며, 향기며 장미는 뭇 꽃을 대표할 만하다. 장미의 상징이 공통되고 단일함도 그 까닭일 듯하다. 장미의 호화로운 특징은 누구에게나 직각적이요, 선명하다. 번즈가 노래한 장미도, 르누아르가 그린 장미도 그 속뜻과 상징은 같은 것이다.

동무의 집 뜰에 봄부터 줄기장미가 놀랍게 서린 것을 부러워 여겼더니 기어이 두어 주일 병석에 눕게 되어 그 장미를 여러 차례나 선사받게 되었다.

"아침 일찍이 뜰에 나가 보니 이렇게 크고 고운 게 피었기에 혼자서 보기가 아까워 몇 가지 보냅니다. 귀엽게 보아주세요"

하는 글발과 함께 분홍과 주황과 연짓빛의 각각 탐스러운 송이 송이를 베어 아이를 시켜서 보내왔다. 무슨 선사인들 꽃만큼 좋으랴. 연짓빛 송이를 바라보며 나른한 기력에도 정신이 새로워짐을 느꼈다. 꽃을 볼 때와 음악을 들을 때같이 사람이 산 보람을 느끼는 때는 없을 듯하다.

자리에서 일어나 그를 찾으니 뜰 안 군데군데에 줄기줄기 피어오른 만타(萬朶)의 화려함이 이루 방 안에 꽂은 몇 송이를 바라볼 때의 운치가 아니다. 장미는 호화로운 잔칫상이다. 자연의 커다란 사치다. 욱욱(郁郁)한 향기가 숲속에 서렸다.

장미 냄새는 늘 무슨 냄새 같을꼬 생각하면서 송이를 코끝에 시험해보니 쉽게 떠오르지 않는다. 과실 냄새 같음에는 의견이 일치되나 무슨 과일이라고는 아무도 대번에 단정하지 못한다. 한참이나 후에야 나는 비로소 그것이 별것 아닌 서양 배(梨)의 냄새인 것을 큰 발견이나 한 듯이 외쳤다. 장미 냄새는 궤 속에서 잘 무른 라 프랑스나 바틀릿의 냄새다. 누렇게 익은 서양 배의 냄새──그것은 동양의 냄새는 아니다. 장미의 냄새는 바로 유럽의 냄새인 것이다. 동양의 아무 냄새도 그 같은 것은 없다. 장미는 바로 그곳의 것이다.

장미를 보내는 예의도 또한 그런 것일까. 붉은 장미를 보내거나 흰 장미를 보낼 때, 바로 보내는 이의 정감의 표현이라는 것일까. 이방의 풍속의 여하는 모르나 장미의 선물은 바이올렛의 냄새와 같이 웬일인지 이국적인 것으로 느껴짐이 사실이다.

장미가 뭇 꽃 중에서 으뜸가듯이, 장미의 선물은 보다 더 반갑고 좋다. 향기와 함께 그 상징이 무엇보다도 아름다운 까닭이다.

낙랑다방기(樂浪茶房記)

　운동부족이 될까를 경계해서 학교에서 나가는 시간을 이용해 다방까지 걸어가고, 다방에서 다시 집까지 걸어가는 코스를 작정하고도 날씨가 추워지기 시작하면서부터는 여행(勵行)의 날이 차차 줄어져간다.
　집에서 학교까지 십분, 학교에서 다방까지 이십분, 다방에서 집까지 삼십분 가량의 거리, 이만큼만 걸으면 하루의 운동으로 족하리라고 생각한 것이다.
　도쿄〔東京〕에서 온 소설 쓰는 이에게서 하루 두 시간 소풍설을 듣고 착상한 계획이었으나 그의 반인 한 시간 소풍도 여의치 못한 것이다. 다방에 간다고 해도 오후 네시 전후 시간에는 먹을 것도 만만치 않다. 반지빠른 때라서 이 시각에 배를 채우면 저녁이 맛 없어진다. 커피에다 핫케이크이나 먹고 나면 전연 구미는 아주 뚝 떨어져버린다. 공복(空腹)에 커피는 위험한 것이나 홍차를 마시자니 향기 없는 뜨물이 속에 차지 않고 레몬 스카치를 마시자니 날마다의 음료로는 지나쳐 사치하다.

대체 요새의 다방이라는 것이 커피의 맛에는 섬세한 주의를 베풀면서도 홍차는 아주 등한시해 버린다. 홍차의 진미라는 것은 립턴의 새통을 사다가 집에서 우려내는 근근(僅僅) 수삼 일 동안에 있는 것이지, 아무리 저장에 주의해도 그 시기를 지나면 풍미는 완전히 달아나버린다. 호텔에서 먹는 것이나 다방에서 청한 것이나 집에서 우린 것이나 다같이 들큼한 뜨물이 되어 버리고 만다.

평양에 다방이 생기기 시작한 것이 요 수년 간의 일이다. '희노도리'와 '마주르카'만이 있을 때에는 적막감이 없지 않더니 별안간 올해로 접어들면서 '야마도', '세르팡', '브라질'의 세 집이 우후의 죽순같이 솟아나 다객의 목을 적시어주게 되었으나 아직도 그 어느 곳이나 설비 의장(意匠) 등 부족한 점이 많다.

들으니 연내로 또 두 집이 생긴다는 소식이다. 그렇게 되면 합이 일곱 군데의 다방이 앉는 셈으로 일 년 동안 이렇게 수다스럽게 늘어가는 장사는 다방 외에 볼 수 없는 것이나 당업자(當業者)끼리는 피차에 눈의 적일지 몰라도 다객의 편으로 볼 때에는 다방의 격식도 점점 나아질 터이니 이런 반가울 데는 없다.

일곱 군데가 아니라 칠의 칠 배가 는다 하더라도 좋은 것이 각각 특색을 나타내고 풍격을 갖추어 간다면 다객의 유별도 저절로 나누어지고 각각 갈 곳이 스스로 작정될 것이다.

사실 지금 같아서는 꼭 가고 싶은 한 곳이라는 것이 아직 없다. 그만큼 모든 범절이 설피다. 음악에 자신있는 다방은 방 안이 휑뎅그렁해서 기분이 침착해지지 못하고 안온한 집이라도 찾아가면 음악이 설피고 레지〔茶娘〕있는 곳을 들어가면 언제나 속배(俗輩)가 운집해 있고——도무지 마땅한 곳이 없다.

그러나 역시 음악을 안목에 두고 '세르팡'을 찾는 것이 가장 유익한 듯하다. 네 시 전후면 다객의 그림자가 보일 뿐 아니라 때로는 혼자 앉게 되는 적도 있다. 차 한잔을 주문하고 삼사십 분 동안 앉아 있노라면 웬만한 교향악 한 편쯤은 완전히 들을 수 있다. 차이코프스키의 '파세틱'도 좋고 베토벤의 트리오 '태공' 같은 것도 알맞은 시간에 끝난다. 대곡(大曲)이 너무 세찰 때에는 '하와야 멜로디'도 좋을 것이며 재즈음악도 반드시 경멸할 것은 못 된다.

어떻든 이 소풍의 시각 전후가 다방을 찾기에는 가장 고요하고 적당한 때이지 밤에는 아예 갈 곳이 못 되는 것이, 사람들이 웅성거리는 데다 까딱하다가는 문하(門下)의 학생들을 만나기 일쑤다. 개중에는 한 탁자에 청해와도 좋은 사람도 있기는 하나 거개는 저쪽도 거북스럽고 이쪽도 편편하지 못하다.

서울서는 학생들의 다방 출입을 금한다는 소문이나 평양에는 아직 그런 엄격한 율도(律度)는 서지 않았고, 사각모 패라야 단 두 교뿐이니 관대하게 취급은 하나 그만큼 그들의 자태는 더 눈에 뜨이게 되고 한 다방에서 마주칠 때에는 피차에 편안하지 못한 느낌을 가지게 된다. 그렇기 때문에 차라리 밤에는 다방 출입을 삼가게 된다. 다방행(茶房行)에도 이 정도의 조그만 수난은 있는 것이다.

세상에 편편한 일 한 가지나 있으리. 속히 이곳에서 서울만큼 다방이 자꾸자꾸 늘어서 좋은 음악이 많이 들리고 좋은 차를 많이 먹게 하고 웬만한 구석목 다방에 들어가서쯤은 학생의 그림자도 눈에 안 뜨이게 될 날을 기다린다.

사온사상(四溫肆想)

제 1 일

　언제인들 안 그러랴만 오는 시절에의 원망(願望)이 이렇듯 간절한 때는 없었다. 그것은 굳이 겨울보다 봄의 아름다움을 생각하여서가 아니라 겨울은 겨울로서 즐기는 법도 있으련만, 너무도 초라한 오늘에 싫증이 남이로다.
　우울한 이 날이 얼른 가고 새봄이 왔으면 하고 원하면서 나날의 괘력(掛曆: 끊어졌다 이어짐)을 한 장 한 장 뜯어 버리기란 휴지통에 들어가는 그 한 장의 일력(日曆)에 보람 없는 하루를 영영 묻어 버리는 것 같아서 유쾌도 하다.
　비에 젖은 장미 포기의 푸른 줄기를 꺾어 보면 제법 진이 나고 벚나무 가지의 봉오리를 따 보면 봉곳한 속에 푸른 생기가 넘쳐 있어 그것이 가까워오는 시절을 분명히 약속하여 주는 것이니 제 아무런 변이 있다 하더라도 이 약속만은 절대의 것이며, 새 시절을 당하였을 때는 지난 시절이란 제아무리 괴롭고 귀찮은 것이었다 하더라도 결국 지나가 버리면 거듭 올 리 만무한 과거의 것임에 틀림없을 것이다.

 사온일(四溫日)이면 모란대(牧丹臺) 부근 긴 등에 올라 대동강을 굽어본다. 거기에도 시절의 약속은 완연하다. 양지 쪽 잔등에는 욱신한 전나무의 그림자가 길고, 아까운 낙엽의 보료가 발 아래 푹신하다. 강물은 차고 푸르러 기슭에는 물오리떼가 헤엄치고 건너편 모랫가에는 흰 물새가 긴 다리를 쉬고 있다. 그 느릿하고 한가로운 자태는 아무리 보아도 봄의 것이지 겨울의 것은 아니다.

 따뜻한 지름길에는 거니는 사람의 그림자가 드문하여 길 옆 누른 잔디 위에는 사주쟁이가 당사주책을 펴놓고 앉았다. 그의 앞에 움츠리고 서서 겸연하고 거북스런 얼굴로 두려운 운명의 판단을 기다리고 있는 젊은이를 나는 확실히 그 어디서 본 일이 있은 성싶어 곰곰 생각한 결과 지난 가을에 세금을 받으러 와서 서리같이 독촉이 심하던 바로 부(府)의 수세리(收稅吏) 그 사람임을 깨닫고 기묘한 상봉에 뼈저린 유머를 느끼게 된 것도 웬일인지 겨울 아닌 봄 정경의 한 토막인 듯한 느낌을 금할 수 없었다. 그러나 이런 정경도 시절을 고하기에는 아직도 이른 짓궂은 착각임을 알았다. 다음 삼한(三寒)에 들어가자 봄은 아직도 멀다는 듯이 별안간 추위가 단속(斷續)되고 눈이 퍼붓기 시작하더니 잔디밭은 눈 속에 묻히고 강물은 꽁꽁 얼어버렸다. 물새 내리던 강 위에서는 스케이트 대회가 열려 원을 그리고 둘레를 친 사람의 무리가 산 위에서 내려다보면 불개미떼 같은 천한 미물로밖에는 보이지 않는다.

 삼한을 전후하고 일어난 이 큰 변화가 너무도 삽시간의 일이어서 마치 꿈같이 여겨진다.

물새도 사주쟁이도 수세리도 승천이나 한 듯이 모래와 잔디의 뒷자취가 괴괴하다. 굵은 눈송이가 함박같이 퍼붓는 날은 나뭇가지는 운치를 더하고 거리는 보얗게 저물어 봄 약속은 새로 다시 겨울의 복판으로 시절은 뒷걸음질쳐 간 셈이다.

그러나 시절의 착각은 여기서 머물지는 않는다. 눈오는 날 백화점의 식당에 들어갔을 때 나는 거기서 봄을 느끼지 않았는가.

훈훈한 홀 안의 모든 장치가 바로 봄의 것이었다. 정결한 식탁이며, 상록수의 분이며, 깨끗한 소녀들이며 더구나 식탁 위에 수선화와 시클라멘과 선인장꽃의 화분은 그것이 비록 온실산이라고는 하더라도 봄의 감정으로 주위를 장식하고 동화시키고야 만다. 화판과 화분의 향기와 아울러 흰 접시의 야채——상추, 아스파라거스, 토마토——몸을 맑게 씻어내고 세포의 구석구석을 푸르게 물들일 듯도 한 신선한 성찬(聖餐)의 한 묶음, 새 시절의 선물이 아니면 안 된다. 식탁에 마주 앉아 있는 동안만은 적어도 사람은 겨울을 잊어버리고 다른 시절 속에서 산다. 두꺼운 외투들을 입고 봄을 맞이한다.

거리에 나와 눈송이를 볼 때에 문득 겨울이었던가 하고 다시 놀라게 된다. 세번째의 착각이다. 화분과 야채의 감각에서 눈을 뜨고 별수없이 찬 객관 속으로 일사천리의 뒷걸음질을 쳐야 된다. 외투 섶을 세우고 눈을 맞으며 거리를 걸으면서 먼 꿈을 생각하는 수밖에는 없다.

입춘이 지나고 비가 뿌리더니 눈이 녹고 얼음도 풀리기 시작한다. 장마 줄기가 푸르고 나뭇가지의 눈이 물을 머금고 부풀어간다. 포근히 녹이는 날, 과수원 옆 개천에서는 빨래 소리가 느릿하고 한가하다. 여러 번의 착각으로 마음을 낚던 시절의 걸음도 이제는 바로잡힌 듯싶다. 오는 시절에의 원망이 더한층 날카로워진다. 시절의 착각이란 사람을 희롱하는 품이 마치 사람의 꾀같이도 겹겹이요, 고비고비며 단순한 외통길은 아닌 듯싶다.

제 2 일

여럿이 한 좌석에 모여 앉았을 때 원탁을 둘러싸고 두 편으로 갈라져 노는 패노름이 있다.

재료는 무엇이든지 좋을 것이다. 가령 동전 한 닢이 한 패의 누구나 한 사람의 한 편 손에 들었다고 하면 맞은편 패는 그것이 어느 손에 있다는 것을 민첩하게 알아내야 한다. 알아낸 때에는 동전이 그 편으로 옮겨져 가고 못 알아낸 때에는 헛손을 짚은 만큼의 수효의 득점을 상대편이 얻게 된다. 맞은편 패가 〈징킨스 업〉을 부를 때에 이 편 패 사람들은 두 손을 모두 쳐들고 동전을 가진 손이 어느 것임을 분명히 보인다. 〈징킨스 다운〉의 구호로 손들을 일제히 원탁 아래에 모으고 비밀한 암중구수(暗中鳩首)로 동전을 한 사람의 한 편 손에 은탁(隱托)한 후 알맞은 때 맞은편이 〈징킨스 온 유어 테이블〉을 분부하면 은밀한 약속을 마친 손들을 동시에 일제히 탁자 위에 올려놓고 어느 손에 동전이 들었나의 적발을 맞은편 패에게 맡기는 것이다.

똑바른 적발의 방법은, 즉 승패의 비결은 온전히 상대편의 민첩한 형안(炯眼)에 있음은 물론이다. 형안이 화살을 막아내고 혹은 무찌르기 위하여 귀표(鬼票)의 소유자는 갖은 꾀와 방패를 다 준비하여야 할 것이니 따라서 양자 사이에는 장시간 겹겹의 심리의 약동과 가지가지 지혜의 비약이 번개같이 거래하게 된다.

사람의 마음을 낚아 보는 시절의 착각의 경우와 같이 여기에도 또한 두 고비, 세 고비의 변별이 있을 것이 확실하다.

과녁은 적발자의 시선을 받는 귀포 소유자의 태도와 손과 얼굴의 표정에 있는 것이니 심리의 약동이 스스로 그 표정에 나타날 것이니까 말이다. 그에게는 과연 몇 고비의 심리의 전동(轉動)이 있을 것인가. 1단 2단 3단까지의 심리조약을 생각하여 보자. 귀찮은 물건을 가지고 있으므로 말미암아 가진 체하는 초보적 1단법, 한 꾀를 내서 가지지 않은 체 하고 천연스런 표정을 지니는 기만적 2단법, 한 수의 꾀를 더하여 세 고비를 뛰어 차라리 가지고 있으므로 터놓고 가진 체해보는 환원적 3단법의 세 법이다. 3단법과 1단법은 결과의 현현(顯現)은 동일하나 그 심리적 용약에 있어서 단순하고 직선적인 1단법보다는 3단법이 두 층이나 윗수임은 물론이며 다시 2단법과 비길 때에도 한 마디 더 구분한 단위의 꾀임이 확실하다. 꾀가 깊으므로 도리어 꾀를 보이지 않는 결과가 된다. 무지의 지며, 무기교의 기교인 것이다.

다시 4단, 5단, 6단······으로 거듭하여 올라갈 때 꾀는 끓고 지혜는 한없이 늘어간다. 나중에는 그야말로 별을 딸 수 있을는지도 모르나 그때에는 도리어 지혜의 과잉으로 말미암아 자멸하기 쉬운 첩경일 것이다. 꾀는 곧 기만을 의미하는 것이니 원탁 유희는 우리에게 기만의 교훈을 띠어주는 것이다. 탁자를 둘러싸고 앉아서 거짓을 꾸미고 허세를 보이는 그 자태들은 그대로가 바로 현실 생활에 처하여 가는 자태 그것이 아닐까.

가장 천연스런 거짓을 꾸밈이——3단법을 능란하게 씀이 유희와 생활에서 이기는 비결일 것이다.

3단법과 관계되는 것에 포의 단편 소설이 있다. 이야기의 기억조차 어슴푸레하나——수색당하고 있는 귀중한 문서를 감추기에 괴벽한 벽장이라든지 포도(鋪道)의 돌 밑을 이용하지 않고 주인공은 일부러 허술한 곳을 역용하여 눈에 가장 잘 뜨일 가능성이 많은 책상 위 철망 속에 되구말구 던져둔 결과 도리어 수색자의 눈을 효과 있게 피할 수 있었다는 것이다. 수색자는 항용 궁벽한 은밀한 곳에 눈을 보내기 쉽고 드러난 곳은 주의하지 않고 그대로 스쳐버리기 쉬운 것이기 때문이다. 주인공은 두 고패의 꾀를 써서 감쪽같이 효과를 거둔 것이다.

위험한 3단법의 완전한 성공의 일례를 우리는 이야기에서 볼 수 있다.

제3일

사람의 지혜가 오늘같이 민첩한 날은 없었고, 일상 생활이란 지혜의 싸움이라고 하여도 과언이 아닐 듯싶다. 지혜는 빛나고 아름다운 것이나 동시에 불서럽고 슬픈 것이다.

사람이 살아가는 데 과연 몇 줌의 지혜가 필요한 것일까.
 현대인의 지(智)의 과잉은 행복을 가져온 한편에 확실히 불행을 낳게 되었다. 비극이 예지의 결핍에서 온 것은 과거의 일이요, 현대에 있어서는 참으로 예지의 과잉에 불행과 비극은 기인되었다고 함이 마땅하지 않을까. 예지의 과잉은 시심(詩心)의 상실을 유래하고, 시심의 상실된 곳에 공리와 간파(看破)와 산문의 비애가 생기는 것이니 자해(自害)를 낳는 것은 참으로 과지(過智)인 것이다.
 원탁유희에 있어서 비애는 비단 귀표 보지자에게만 있는 것이 아니라 적발자의 편에도 있다. 보지자가 2단, 3단의 변법을 쓴다고 하더라도 적발자가 그 변법의 심리과정을 간파하고 진실을 맞혀 떨어뜨릴 때 비애는 도리어 더 많이 적발자 자신에게 속하는 것이다. 위장한 진실을 간파하고 음막(陰幕) 속의 비밀을 알았을 때에 오는 것은 만족보다도 비애인 까닭이다. 그 가리워진 비밀이 크면 클수록 비애도 커진다. 모르는 곳에 아름다움이 있고 알아낸 곳에 환멸을 느낌은, 하기는 사람의 천성인지도 모른다.
 영화를 관상(觀賞)할 때에 일껏 스크린 위에 흐르는 면면(綿綿)한 인생의 이야기에 마음을 즐기다가도 문득 그 어떤 서슬에 제작자의 입장에 몸을 두고, 나타난 영화면의 각종 기술의 관점에 주의의 방향이 향하여질 때 그간 이야기의 흥미는 삭감되어 버리고 무미건조한 관조의 태도로 돌아가 한결같이 삭막한 환멸의 슬픔을 느끼게 되는 것은 항상 경험하여오는 바이다.
 그것은 물론 순진한 관상자의 태도를 버리고 어줍지 않게 제작자의 자리에 서서 그의 가리워진 막 속을 들여다보고 그의 창조의 꾀와 기교를 엿본 데서 오는 환멸이다. 소여(所與)의 인생을 담담한 심사로 맛보지 않고 쓸데없이 관조하려고 하는 데서 오는 슬픔이다.

  한 칸의 빈 방이 있다. 가운데 책상에 의지하여 한 여자가 어깨를 떨며 울고 있다. 남편에게 배신을 당하고 마지막 결심을 하는 인생의 위기에 선 여자의 운명은 애달프고 비참한 것이언만 한 번 생각이 그 장면의 촬영의 내막으로 향하여질 때 이야기에서 흘러오는 비참한 동감은 자취도 없이 사라져 버린다. 그 여자는 자신 실상에 있어서 그런 운명에 놓여 있는 것도 아무것도 아닌 일개의 여배우에 지나지 않는 것이며, 그 방은 결코 현실의 방이 아닌 촬영소 안의 대소도구를 모아다가 꾸며놓은 세트 장치에 지나지 않는 것이며, 방바닥도 벽도 창도 책상도 모두가 잠시 동안 한자리에 모아다가 붙여놓은 가짜의 것이요, 여자는 뭇 시선을 피하여 그 외딴 으슥한 곳에 혼자 앉아 있는 것 같으나 실상인즉 그의 앞에는 참으로 많은 눈과 방관자가 있는 것이니 감독을 비롯하여 조감독, 촬영기사 그 외 많은 사람들이 둘러서서 그를 감독하고 격려하고 엿보고 있는 것이다.

  감독은 리플렉터를 든 소원을 질타하여 여자의 일신으로 모이는 광선을 조절시켜서 명암의 효과를 내게 하고, 여자의 표정과 자세를 고쳐주고, 한 손에 든 대본의 지시대로 독백의 대사를 정서를 자아내도록 정정하여 준다. 여자의 눈에 고인 물은 감정에서 솟아나온 눈물도 아무것도 아니요, 점안(點眼)의 약물이나 혹은 수적(水滴)인 것이다.

참으로 모든 생명은 없어지고 무기적 도구와 요소를 모아 나열하고 꾸며서 한 토막의 감정 있는 장면을 만들고 이런 여러 토막의 장면을 따로따로 촬영한 것을 순서를 따라서 끊고 잇고 편집하여 드디어 한 편의 생명 있는 유기적 이야기를 구성하는 것이니 이 모든 비밀과 꾀를 관상의 도중에서 문득 생각해낼 때 이야기에서 오는 감정은 참혹하게도 중단되어 버리고 삭막한 진실로 돌아와 눈은 이번에는 기술의 비판으로 향하여 직책 이상의 것에 관여하게 된다. 그렇게 되면 벌써 그 이상 관상하고 싶은 흥미를 잃어버리고, 관상한다 하더라도 다시 이야기 속으로 끌려들어가 갖은 기교와 트릭에 속아 넘어가는 것이 어리석게 생각될 뿐이다.

결국 비밀과 꾀를 한손에 잡아 쥔 냉정한 관조자의 태도를 가지게 될 때 이야기의 흥미는——인생의 흥미는 그만 소멸되어 버리고 만다. 어수룩하게 속아 넘어가는 곳에 흥의 참된 향락이 있는 것이요, 꾀와 지가 과도로 발동할 때에는 드디어 인상은 깔깔한 모래의 맛으로 변할 뿐이다. 예지의 비애는 이곳에도 있다.

제4일

모파상의 비극은 참으로 여기에서 시작되었다. 지의 과잉, 심리의 과민——그의 소위 제2시각——이것이 그의 비참한 생애를 낳게 하였다.

작가 치고 모파상같이 모든 인간의 꾀를 인생의 흑막 속을 명민하게 들여다본 사람은 적었다. 작가 특유의 제2시각으로 그는 사람의 마음 속을 역력히 쳐들어보고 날카로운 이도 (利刀)로 어둡고 흉칙한 그 속 세상을 여지없이 난도질하여 추잡하고 악취나는 내장을 조각조각 조상(俎上)에 끌어내고야 말았다. 그것은 거의 그의 운명적인 천성이며 재주였다. 이웃 사람들의 말과 마음을 일일이 보고 짐작하고, 설명하고, 해석하고 그들의 감정이나 행동을 억제하는 비밀의 근원을 샅샅이 탐구해 냈다.

비록 친구나 친척의 그것까지라도 참혹하리만큼 공평한 태도로 발려내지 않고는 안 되었으며 심지어 사랑하는 사람의 마음 속까지라도 잔인하게 해부하고 그의 언어와 행동을 자기의 마음 속 저울에 달아보고, 가령 그가 돌연히 자기의 목을 얼싸안을 때에는 그 거동의 속뜻과 계획이 무엇이며 그것이 행여나 가짜의 연극이 아닌가 어떤가까지를 관찰하고 판단하려고 한 것이 그의 태도였다.

이 이중성(二重性)으로 말미암아 사람의 마음, 행동의 비밀은 그에게는 빤히 들여다 보이는 것이었다. 그러나 그 결과는 어떤 것이었던가. 그는 보통 사람들같이 다만 단순하게 감동하고 느끼고 사랑하고 일하고 유쾌하게 살아갈 수는 없었다. 무서운 환멸과 번민과 고통이 그의 생활을 침범하고 위협하였다. 생활이 평범인에게 만족을 줄 때, 그에게는 피곤과 절망을 줄 뿐이었다. 생존의 이중성과 제2시각이 드디어 그를 발광과 죽음으로 인도하지 않았던가.

《벨 아미》에 나오는 악한 〈듀로아〉는 천품의 미모와 대담한 수완과 몰염치(沒廉恥)의 비인간성을 무기삼아 사업에 성공하고, 만나는 대로의 여인을 농락하여 순조롭고 교묘하게 뜻대로 세상을 헤엄친 끝에 나중에는 주인의 아내인, 자기 정부의 질녀(姪女)인 순결한 처녀 〈수산〉을 손에 넣어 드디어 그와 결혼까지 하게 된다.

일대의 악한이 주위를 속이고 세상을 희롱하여 갖은 세속적 성공을 거둔 끝에 몸에는 명예의 훈장을 장식하고 순결한 처녀를 속여 그와 결혼하게 되매 석상의 인사들은 그것을 승인하고, 승정은 그를 축복하여 일세가 그를 앙시(仰視)하게 되는──그 기막히고 뼈저린 장면을 그리고, 인생의 무서운 진실의 한 토막을 피력하였을 때 작가 모파상의 마음 속에는 한 줌의 눈물이 징긋이 고여 있지 않았을까.

겉으로는 냉정한 침착을 잃지 않으면서도 가슴 속으로는 가만히 느껴 울지 않았을까. 꾀많은 인생의 진실이 악착한 기만과 허위가 민첩하고 예리하며 엄격한 양심과 생활 태도를 가진 그로 하여금 절망과 과피(過疲)에 빠지게 한 결과 마침내는 인생 증오와 허무사상의 길로까지 내닫게 한 것은 당연하다고 하지 않을 수 없다.

가령 모파상이 아니요, 혹은 그에게 비길 바 못 된다 하더라도 작가인 이상 혹은 명민한 현대인인 이상 다소의 여상(如上)의 과지(過知)는 면할 수 없는 것이다. 복잡한 일상 생활의 착잡한 주위 환경에 처하고 있는 한 우리는 거의 순시(瞬時)도 심리의 과중으로 헐떡거리지 않을 수 없다. 투심경(透心鏡)으로 사람의 속을 들여다보고 그 속에 준동하는 악의 과립(顆粒)을 똑바로 뜯어낼 때 거기에는 자살적 우울과 고정(苦情) 이외의 아무것도 없는 것이다.

현대인은 이 답답한 심리의 과중을 기뻐하여야 옳을 것인가, 슬퍼하여야 옳을 것인가. 새삼스럽게 어리석어지고 둔감한 벌레로 전화할 수 없는 이상 그것은 현대 지식인의 피할 수 없는 운명이라고 할 수밖에 없다. 지과(智過)의 비애를 몰아다가 흐르는 사온일(四溫日)의 조화에 맡기는 바이다.

청포도의 사상

　육상(陸上)으로 수천 리를 돌아온 시절의 선물, 송이(松栮)의 향기가 한꺼번에 가을을 실어왔다. 보낸 이의 마음씨를 갸륵히 여기고 먼 강산의 시절을 그리워하면서 나는 새삼스럽게 눈앞의 가을에 눈을 옮긴다. 남창(南窓)으로 향한 서탁(書卓)이 차고 투명하고 푸르다. 하늘을 비침이다. 갈릴리 바다의 빛도 이렇게 푸를까? 벚나무 가지에 병든 잎새가 늘었고, 단물이 고일 대로 고인 능금송이가 잎 드문 가지에 젖꼭지같이 처졌다. 외포기의 야국(野菊)이 만발하고 그 찬란하던 채송화와 클로버도 시든 빛을 보여간다. 그렇건만 새삼스럽게 가을을 생각지 않는 것은 시렁 아래 드레드레 드리운 청포도의 사연인 듯싶다. 언제든지 푸른 포도는 익었는지 안 익었는지를 분간할 수 없게 하는 까닭이다. 익은 포도알이란 방울방울의 지혜와 같이도 맑고 빛나는 법인 것을, 푸른 포도에는 그 광채가 없다. 물론 맛도 떫으나.
　하기는 기자능(箕子陵)의 수풀 속을 거닐 때에도 벌써 긴

양말과 잠방이만의 차림은 썰렁하고 어색하게 되었다. 머리 위에서는 참나무 잎새가 바람에 우수수 울리고 지난 철에 베어 넘긴 정정(亭亭)한 소나무의 교목이 그 무슨 짐승의 시체와도 같이 쓸쓸하게 마음을 친다.

  서글픈 생각을 부둥켜안고 돌아오노라면 풀밭에 매인 산양(山羊)이 애잔하게 우는 것이다. 제법 뿔을 세우고 새침하게 흰 수염을 드리우고 독판 점잖은 척은 하나 마음은 슬픈 것이다. 이 세상에 잘못 태어난 영원한 이방의 나그네같이 일상 서먹서먹하고 마음 어리게 운다. 집에 돌아오면 나도 그 자리에 풀썩 쓰러지고 싶은 때가 있다. 산양을 본받아서가 아니라 알 수 없는 감상이 별안간 뼛속에 찾아드는 것이다. 더욱 두려운 것은 벌레 소리니, 가을벌레는 초저녁부터 새벽까지 줄달아 운다. 눈물 되나 짜내자는 심사일까.

  나는 감상에 정신을 못 차릴만큼 어리지는 않으나, 감상을 비웃을 수 있을 만큼 용감하지도 못하다. 그것은 결코 부끄러울 것 없는 생활의 한 영원한 제목일 법하니까.

  부족한 것이 무엇인지를 모른다. 성격일까, 이야기일까, 등장 인물일까, 그 모든 것인지도 모른다. 신비없는 생활은 자살을 의미한다. 환상 없이 사람이 순시라도 살 수 있을까.

  환상이 위대할수록 생활도 위대할 것이니, 그것이 없으면서도 참참하게 살아가는 꽃이란 용감한 것이 아니요, 추잡하고 측은한 것이다. 환상이 빈궁할 때 생활의 변조가 오고, 감상이 스며드는 듯하다.

  청포도가 익은 것이요, 익어도 아직 청포도에 지나지 못한다. 시렁 아래 흔하게도 달린 송이를 나는 진귀하게 거들

떠 볼 것이 없는 것이요, 그보다는 차라리 지난날의 포도의 기억을 마음 속에 되풀이하는 편이 한층 생색 있다.

성북동(城北洞)의 포도원, 3인행(三人行), 배경과 인물이 단순은 하나 꿈이 그처럼 풍요한 때도 드물다. 나는 그들이 치마와 저고리의 색조를 기억하지 못하며 얼굴의 치장을 생각해낼 수는 없으나 그 모든 것은 이미 지나간 것이므로, 꺼져버린 비늘구름과도 같이 일률(一律)로 아름답고 그리운 것이다. 누렇게 물든 잔디 위에 배를 대고 누워 따끈한 석양을 담뿍 받으며 끝물의 포도빛을 바라보며 무엇을 이야기하였으며 어떤 몸짓을 가졌는지 한 마디의 독백도 기억 속에 남지 않았다. 산문을 이야기하고 생활을 말하였을지도 모른다. 그러나 지금 생각하면 그것이 결코 현실의 회화여서는 안 된다. 천사의 말이요, 시의 구절이 있어야 될 것 같다.

검은 포도의 맛이 아름다웠던 것은 물론이다. 이 추억을 더한층 아름답게 하는 것은 총 중의 한 사람이 세상을 버렸음이다. 나머지 한 사람은 그 뒷소식을 알 바 없다. 영원히 가버렸으므로, 지금에 있어서 잡을 수 없으므로 이 한 토막은 한없이 아름답다. 신비가 있었다. 생활이 빛났다. 지난날의 포도의 맛은 추억의 맛이요, 꿈의 향기다.

가을을 만나 포도에 대한 글을 쓸 때마다 이 추억을 되풀이하는 것은, 그것이 청포도가 아니고 검은 포도였기 때문일까?

서 한

유진오 형에게

 웬일인지 혜함(惠函)을 기다리고 있었던 모양입니다. 어느 때보다도 달라 요새는 한 장의 편지가 여간 반가운 것이 아닙니다. 그만큼 내적 생활(內的生活)이 어디 의지할 곳 없이 쓸쓸합니다.

 문학의 말씀도 하였으나, 제게는 문학보다 더 근본적인 생각이 요새 마음을 할퀴고 있습니다. 웬일인지 생애(生涯)의 여간 심상한 일을 당한 것 같지 않습니다. 날이 갈수록 공허감(空虛感)이 더욱 뼈를 깎습니다. 단순히 의지할 애정이 없어서만이 아니라 더 근본적인 인간적인 괴로움이요, 허무감인 듯합니다.
 죽음을 생각한다는 것이 극히 쉬운 일이 됐어요. 지금 생각 같아서는 언제나 그것을 조용히 대할 수 있을 것 같습니다.
 불면증이 계속되고, 식욕도 점점 줄어지면서 의기가 아주

조악(粗惡)해졌습니다. 이노우에(井上園子)의 연주를 들으러, 지난 토요일에 떠나려고 벼르다가, 갑자기 시들해져서 그만두었습니다. 형의 말씀마따나 나이를 먹었을 뿐 아니라 마음이 아주 늙은 것 같습니다. 꿈의 한계가 점점 줄어가고 죄어감을 생각하면, 서글픈 생각에 몸부림을 치고도 싶습니다. 앞으로의 반생이 얼마나 생광이 있겠습니까. 초조와 낙망이 계속되다가는 냉정한 최후적인 절박감이 치솟곤 합니다. 생애의 커다란 변화기——라기보다 위기에 처해 있는 듯합니다.

  문학의 플랜을 이것저것 세워보다가도 별안간 그것이 무의미하게 생각되면 그만 의기가 잦아들곤 합니다. 물론 이런 심경이 차차 변해가기를 바라는 것이요——날씨가 따뜻해지면 좀 나아질는지요.

  극히 유물적(唯物的)인 인간의 일이오니 생활의 조건이 달라지면 괴롭도 또한 극복될는지 모르겠사오나, 이렇게 막다르게까지 생각해본 적은 과거에는 없었던 것 같습니다. 이런 절박감이 얼른 한때의 악몽처럼 지나가기를 한편 은근히 기다리는 마음도 있습니다. 마지막 순간에 지내온 일생을 돌아다보고 참으로 만족해 하는 사람이 있을까마는, 사람의 욕망같이 어느 때까지 창창하고 누추한 것이 없을 것 같습니다.

  그저 이렇게 두서없는 생각이 요새는 자꾸만 마음을 괴롭힙니다. 정 답답해지면 바람 쏘이러 언제 올라가겠습니다. 적극적인 계획을 서로 말하면 얼마간 마음도 잡힐는지요. 안녕하세요.

2월 26일   이효석 배(拜)

최정희 씨에게

　아침부터 눈이 푸슬푸슬 내립니다. 눈오는 북방의 정서, 상상하여 보십시오. 오늘은 여옥(如玉)이 백일이외다. 선물 사러 나남(羅南)에 가는 길이외다. 원고를 간신히 보냅니다. 오래간만에 붓을 들었더니, 붓끝이 까슬까슬하여 겨우 썼소이다. 1페이지 소설이 2페이지 소설이 되었나보외다.
　펜네임은 원고에 적은 것같이 하였소이다. 앞으로는 그 이름으로 행세하겠소이다. 이제부터는 그 이름을 불러주세요.
　겨울에나 가게 될는지요. 못 가면 정희(貞熙)씨 이곳에 놀러오시오.
　총총하여 두어 자 이만 그칩니다.

11월 27일

인물 있는 가을 풍경

삼십 평 가량의 화단이나 씨앗값, 품값 합해서 십 원 남짓 먹인 것이 지금 한창 만발한 것을 바라보면 도저히 십 원쯤으로는 바꿀 수 없음을 새삼스럽게 느끼며 만족을 금할 수 없다.

아름다운 화단은 하루를 보아도 좋고 한 달을 두고 보아도 좋으며 하루를 보면 하루만큼의 보람이 있다. 단 하루를 보더라도 들인 품은 아까울 것이 없다.

초목과 사는 기쁨——인간사에 지쳤을 때 돌아올 곳은 여기밖에 없는 듯하다. 한 송이 한 송이의 꽃에는 표정과 동감이 있는 듯하다. 일제히 만발하고 보니 제철 제철의 성격을 가릴 수 없기는 하나 실상인즉 각각 철을 생각하고 심은 것이다.

마거리트와 양귀비는 봄에 피라는 것이었고 캘리포니아, 포피, 채송화, 봉선화, 프록스, 석죽, 달리아, 글라디올러스, 백일홍은 여름을 의미하였고 카카리아, 비연초(飛燕

草), 프랑스 국화는 가을에 피어달라는 뜻이었다. 그런 것이 카카리아는 벌써 한 고패 지나고 비연초가 한창이요, 프랑스 국화도 포기포기 피기 시작하였다. 꽃이 시절을 재빠르게 당겨온다.

가을꽃으로 비연초 이상 가는 것을 나는 모른다. 대체 푸른 꽃이라는 것이 그다지 흔한 것이 아니니 도라지꽃, 천차국(天車菊), 비연초—출출한 것으로는 여기에 그치는 듯하다. 누렇고 붉은 꽃들이 모두 여름까지의 것이라면 푸른 꽃이야말로 바로 가을의 것이어야 될 듯하다.

푸른 꽃 중에서 비연초만큼 가을다운 조출한 꽃은 없다. 송이송이 맑고 투명한 그 푸른 빛은 그대로가 바로 가을 하늘의 빛이요, 가을 바다의 빛이다.

그 흔한 푸른 떨기 속에 붉은 카카리아의 애련한 몇 송이를 듬성듬성 섞어놓고 그 배경으로 새풀이나 군데군데 심어놓으면 가을 화단으로서는 거의 만점이요, 가을 풍경으로 그 한 폭에 미칠 만한 것이 드물다.

가을 풍경이라고 하여도 이것은 아직도 첫가을의 따뜻하고 귀여운 풍경이요, 가을이 짙어갈수록 풍경은 더 차지고 쓸쓸하여간다. 저녁바다를 등진 야트막한 풀언덕 위에 활짝 피어난 억새 이삭—바람에 간들간들 흔들리는 정경이란 이슬같이 찬 느낌을 준다. 자작나무, 백양나무 잎도 거의 다 떨어진 수풀 속 물이 잦아들어 돌이 불쑥불쑥 솟아난 개울녘을 한 쌍의 남녀가 하염없이 거닐고 있는 풍경—에는 더 한층 찬 것이 있다.

낙엽이 뒤숭숭하게 휘날리는 강변에 안개가 자욱히 낀 속으로 햇밤 굽는 냄새가 솔솔 흘러오는 한 폭도 가을의 풍경이거니와 별안간 바람이 불어와 떨어지는 낙엽을 휩쓸어, 가는 여인의 치맛자락에 던지는 풍경도 가을의 것이다.

인물을 배치한 가을 풍경으로 나는 가장 인상적이고 대립되는 두 편의 작품을 생각한다. 닐젠의 영화 〈가을의 여성〉과 부닌의 소설 〈가을〉이다.

가을은 차고 이지적이면서도 그 속에는 분화산(噴火山) 같은 정열을 감추고 있어서 그 열정이 이지를 이기고 기어이 폭발하는 수도 있고 이지 속에 여전히 싸늘하게 숨어 있는 수도 있다. 열정과 이지가 무섭게 대립하여 폭발의 일선을 위태롭게 비치고 있는 것이 가을의 감정이요, 성격이다. 열정이 폭발되고 마는 곳에 부닌의 〈가을〉이 있고 안타깝게도 이지의 등 뒤에 자취를 감추는 곳에 닐젠의 〈가을의 여성〉이 있으니 가을을 그린 작품으로 이 두 개 같이 선명한 인상을 주는 것은 드물다.

바람 불고 쓸쓸한 늦가을 저녁때 나뭇잎 휘날리는 병원 뜰 앞을 비련의 쓸쓸한 가슴을 부둥켜안고 홀로 초연히 걸어가는 여인의 자태──이것이 쓰라린 〈가을의 여성〉의 풍경이다. 젊어서 남편을 여의고 홀몸으로 상점의 조각부의 일을 보면서 베라 홀크는 다만 두 명의 딸을 기르기에만 정성을 들이며 십오 년의 장구한 세월을 쓸쓸하게 살아왔다.

딸들은 각각 자라서 이제는 벌써 어른 구실을 하게 되고 베라도 겨우 생활의 안정을 얻게 되자 오래간만에 이 사십 줄의 여인은 거기서 자신의 신세와 생활이라는 것을 돌아보게 되었다.

오로지 생활과 싸우느라고 누르고 눌러만 왔던 열정이 드디어 조각가 슈타인 캄프에게로 불길같이 뻗치게 되었다. 그러나 불행한 것은 슈타인 캄프에게는 이미 조강지처가 있었음이다. 다만, 남편만을 믿고 그의 사랑에 의지하여서만 살아가는 그 부인의 자태를 볼 때에 베라는 안타까운 번민에 빠질 뿐이었다.

남을 희생해서까지 자기 자신의 사랑을 살려야 옳을까, 그렇지 않으면 불측한 열정을 죽여야 옳을까. 무서운 싸움 끝에 불붙은 열정을 드디어 싸늘한 이지의 발끝으로 짓밟아 끌 수밖에는 없었다. 바람 불고 소슬한 늦가을 저녁때, 나뭇잎 휘날리는 병원 뜰 앞을 비련의 쓸쓸한 가슴을 부둥켜안고 베라 홀크는 처연히 떠나는 것이다.

그러나 애타는 감정을 참혹하게 죽여버리는 것만이 가을의 성격은 아니니 부닌의 여주인공은 드디어 파도가 요란히 스멀거리는 깊은 밤 가을 바닷가에서 사랑하는 사람에게 열정을 바치고야 만다.

희미한 별빛 아래에서 그의 연백(蓮白)한 행복의 향기에 숨찬 피곤한 얼굴이 불멸의 천녀의 얼굴과도 같이 맑고 아름답게 보인다. 여기에 나타난 가을 풍경은 장엄하고 깊고 어둡고 처량하면서도 무섭다.

언덕 아래에서는 바다가 무섭게 스멀거리고 건너편 바위 위의 울창한 백양나무 숲이 소란하게 웅성거리며 푸른 빛을 띤 별들은 검은 구름 사이에 명멸하고 있다. 바다가 차차 훤하게 수평선을 드러내게 되자 모진 파도는 요란하게 언덕을 물어뜯으며 흰 물결을 날린다.

그 날 밤 거의 자정이 되어서 그 집 객실을 나올 때에 '그 여자'의 눈동자 속에 간직한 열정의 불꽃을 본 '나'는 마침내 '그 여자'와 손쉽게도 뜻이 맞게 되었다. 처음으로 사랑을 알기 시작한 소녀와도 같이 서먹서먹한 표정을 띠운 여자는 밖으로 나왔을 때 벌써 사흘 밤이나 집을 비워서 남편에게 미안하다는 뜻을 말하면서도 '내'가 바다로 가자고 권고하였을 때 첫마디에 응낙하고 마차를 탔다. 어둠 깊은 가을 밤의 열정이다. 여자는 남편이 있으나 넘치는 정열을 어찌는 수 없어 그도 모르는 결에 어둠 속에서 정리의 길을 찾는 것이다.

오래 전부터 두 사람의 마음을 잡아흔들던 그것이 그 날 밤 돌연히 두 사람 앞에 나타난 것이다. 마차 속에서 두 사람은 때때로 얼굴을 마주칠 뿐 별로 말도 없이 '그 여자'의 손을 집어올려 '내' 입술에 대었을 때 그는 말없는 가운데서 굳은 악수 속에 은근히 감사의 뜻을 보냈다.

남풍이 불고 가스등이 떨리는 거리를 지나 인기척 드문 한길을 달릴 때에 바퀴 밑에서 별안간 한길의 널판이 부서지며 그 서슬에 마차가 출렁거렸다. 흔들리며 쓰러지는 '그 여자'를 '나'는 모르는 결에 팔 안에 안았다. '그 여자'는 한참이나 앞을 노리더니 이윽고 '나'에게로 향하였다.

두 얼굴이 마주쳤으나 그의 눈에는 벌써 조금도 스멀거리는 표정은 없고, 다만 긴장된 미소에서 서먹한 빛이 약간 드러나보일 뿐이었다. '나'는 거의 무의식 속에 그의 입술을 구하였다. 그 또한 '내' 손을 굳게 잡은 채로 번개불같이 날쌔게 내 입술에 대꾸하였다.

어느덧 멀리 바다가 짐작되며 근처에는 모진 바람이 불어 메마른 옥수수 잎새를 요란하게 울렸다.
"어디로 가요?"
묻는 눈동자는 맑게 빛나며 행복의 표정이 넘쳤다.
"등대 저쪽 별장으로", 대답하고 '나'는 말을 잇는다.
"당신을 사랑합니다, 당신과 단둘이 숫제 이 어둠 속에 꺼져 버렸으면……. 어떻게 된 연유로 대체 이렇게 이런 사이가 되었을까?"
"그것보다도 꼭 들려주실 것이 하나 있어요――지금까지도, 오늘 밤 이전에도 저를 생각해 주신 적이 있으세요?――아니 그것보다도 우리는 대체 어디로 가는 것인가요. 내일은, 모레는 대체 어떻게 되나요. 당신은 어떤 분이며 어디서 오셨어요. 저는 지금 초면으로 대하는 것 같아요. 그렇듯 마음이 즐겁고 마치 꿈꾸는 듯해요."
'나'는 모진 바람을 한껏 마시며 그 깊은 밤과 어둠이 대담한 용기를 줌을 깨닫는다. 어둠과 바람 속에 그 무슨 큰 위력이 숨어 있었다.(이것이 두 사람의 열정에 뜻밖에도 불을 지른 가을의 마력인 것은 물론이다)
두 사람은 드디어 바다로 와서 별장을 지나 높은 언덕에 이르렀다. '나'는 그의 손을 붙들고 위태한 언덕을 내려가 파돗전에 선다. 단 두 사람뿐이다.
내일. 내일이야 어떻게 되거나 말거나.
"저는 어릴 때에 한없이 행복이란 것을 꿈꾸었지요. 그러나 한번 결혼해본즉 날마다 날마다가 똑같고 모든 일이 싫증이 나서 견딜 수 없게 되었어요. 제 평생에 꼭 한 번 기회인 오늘 밤의 행복이 그러기에 도리어 죄 많은 것으로 생각되어요. 내일이 되면 오늘 밤 일이 얼마나 무섭게 생각날까요. 그러나 지금은…… 그까짓 것 아무렇게나 되거나 말거나…… 이렇게 당신을 사랑해요."

먼 하늘에서 별이 깜박거렸다. 바다는 점점 훤해지면서 수평선이 드러나고 모진 파도가 요란하게 스멀거린다.

여자의 창백한 행복의 숨찬 피곤한 얼굴이 별빛 아래에서 불멸의 천녀의 얼굴과도 같이 맑고 아름답게 보였다. 순전히 폭발된 사랑이다. 한번 폭발한 열정은 물도 불도 헤아리지 않는다. 그 무더운 열정 앞에 이지는 조각조각 부서진 창백한 파편이다. 그 열정이라는 것이 참으로 마음의 탓이다. '어둠과 바람의 위력'에서 솟는 것이다. 늦가을의 열정은 처량하면서도 무덥다.

부닌의 〈가을〉은 가을의 성격의 무더운 면이며 어두운 바다를 배경으로 하고 선 '그 여자'의 자태는 유난하게도 인상 깊은 것이다.

샹송 도도오느
―― 명작상(名作上)에 나타난 가을풍경 ――

 가을을 맞을 때나 생각할 때면 웬일인지 무엇보다도 먼저 베를렌의 〈샹송 도도오느〉가 귀에 들려온다. 그렇듯 그 노래는 심금을 울렸고 울린다. 감동을 주었고 준다. 선인들의 작품도 무던히는 읽어 가을의 묘사 상념들도 많이는 삭였으려만 베를렌의 시의 짙은 인상을 당할 만한 산문의 구절은 드디어 기억 속에 없다. 산문의 인상은 뭐니뭐니해도 더 많이 사건에 걸려 있다.
 아무리 훌륭하고 잘되었다 하더라도 자연 묘사의 한두 구절이 달을 넘고 해를 넘어 머리 속에 남음은 희한한 일일 것이다. 읽은 지 오래된 명작의 기억이란 오직 이야기의 주선(主線) 혹은 가장 충동적인 사건 내용에 걸려 있을 뿐이다. 특별한 생활적 관련이 없는 한 분위기 혹은 경물(景物)의 장구(章句)는 날을 이어 잊어지는 수가 많다.
 운문의 승리를 말하려는 것이 아니나 단일한 정서를 일률적, 집중적으로 취급하는 시구에 있어서는 산문과는 경우가 스스로 반대되는 것 같다. '샹송 도도오느'가 마음 속에 언제까지든지 생생하게 살아 있음은 그 까닭인가 한다.

레 상로 롱
데 비올롱
드 로토 도느
브레상 몽 쿠울
듀느 랑 거얼
모노토오느
투 수포캉
에 프램프 캉
손느 리 얼
주 므 스 으방
데 주울 앙상
에주 프러얼
에주 망 패
오장 모페에
키망 포온
드카 드라
파레이 아라
프이우 모올

아름다운 음률이 마디마디 살을 찌른다. 부드러우면서도 결코 부드럽지 않은 시같이 마음을 찌르는 멜로디다.
 빈사(瀕死)의 여인이 끊어지는 마지막 숨결로 목메이게

간신히 조각조각 짜내는 귀한 마지막 토막 말과도 흡사하다. 콧등이 짜르르하고 뼈가 아프고 눈물이 푹 솟을 지경의 안타까운 쓰라린 멜로디! 현악기의 줄기줄기 떨며 길게 목메이게 느껴 우는 음률보다도 이 시구의 멜로디는 확실히 한층 더 효과적인 것이다.

가을
비올롱의
긴 울음소리
마음을 찌르누나.
외줄기
쓰라리게
종 울리니
목메이고
파리하여
지난 일을
생각하노라.
또 우노라.
바람 부는 대로
나는 가노라.
낙엽처럼
이곳 저곳
헤매다닐
바람과 함께.

이것은 물론 눈의 풍경화는 아니다.
심상 풍경(心象風景)이다. 시각적 요소보다는 도리어 청각적 요소가 전편을 지배하여 그것이 놀라운 마음의 풍경을 꾸미고 위대한 동감을 자아내게 한다.
그러나 다시 이 마음의 풍경은 이번에는 거꾸로 가장 효과적인 시각적 풍경으로 빚어주고 재현시켜주지 않는가. 우리는 이 마음의 풍경을 토대로 하고 경험 혹은 상상 속에서 있는 가장 애상적인 가을 풍경의 일착(一齣)을 눈앞에 재현시킬 수 있는 것이다. 임의의 그 풍경 속에 우리는 가슴을 찌르는 외줄기의 쓰라린 비올롱의 울음소리를 듣고, 창백한 얼굴로 목메일 듯이 옛일을 생각하며 울고, 낙엽과 같이 방향 없이 떠나는 낙망의 혼백을 볼 수 있는 것이다.
나는 가령 베를렌이 친히 지냈을 파리나 혹은 근교의 가을 풍경을 눈앞에 떠올릴 수 있다. 거리의 군밤장수와 귤 장수가 나타날 날도 머지않은 파리. 손풍금이 울고 마차가 한층 시취(詩趣)를 띠어가고, 산양 유(乳) 장수가 구슬픈 피리를 불며 염소 무리를 몰고 거리에 나타나기 시작한 파리.
멀리 노트르담이 바라보이는 안개가 아리송하게 낀 이제는 벌써 낚시질하는 사람도 드물어진 센 강──흐르락말락한 고요한 물이 호수같이 잔잔한 배들의 그림자도 잠시 동안 보이지 않는 물 위에 채일락말락한 양편 기슭의 물든 밤나무들. 바람기도 얼마 없건만 우수수 떨어져 가리산 지리산 물 위에 날아 뜨는 낙엽들──별안간 어디선지 뼈마디를 에일 듯이 가늘고 길게 떨려오는 비올롱의 느끼는 소리──문득 낙백(落魄)의 가슴을 쿡 찌르고 눈시울을 뜨겁게 하여주는 연안의 풍경. 파리의 가을이 역력히 눈앞에 떠오른다.
 이보다 더 아름다운 풍경도 드물 것이다. 베를렌의 시구에서 족히 풍경이 보여 오는 것이다. 그러나 나는 경험 속에 가장 아름다운 풍경을 가져옴이 더 적당할는지 모른다. 옛 시인을 이해함에 더 충실할 법하니까.
 사실 주을(朱乙) 오지(奧地)의 가을 풍경이란 그 어느 임의의 한 폭이라는 베를렌의 가을 노래를 연상하고 이해하기에 족하리만큼 맑고 아름다운 것이다.
 산 속은 시절에 대하여 한결 예민한 듯하다. 가을을 잡아들였을 뿐이나 나뭇잎들은 물들기 시작하였고 마을 길은 쓸쓸하게 하얗게 뻗쳐 있다. 길 위에도 나무 사이에도 별장 베란다에도 피서객 남녀의 그림자는 벌써 흔하게 눈에 뜨이지는 아니한다. 그들은 한여름 동안 기르고 익힌 꿈을 싸가지고 푸른 능금이 익으려 할 때 손을 마주잡고 하얼빈으로 상하이로 달아난 것이다. 붉은 푸른 흰 지붕의 빈 별장들은 알을 까가지고 달아난 뒤의 새둥우리요, 머루덩굴과 다래덩굴 아래 정자는 끝난 이야기의 쓸쓸한 배경이다. 조그만 주장(酒場) 닫힌 문간에는 가을 청결검사 중의 표지가 싸늘하게 붙었고 홀 안에는 울리지 않는 피아노가 꺼멓게 들여다보인다. 벽 위의 그림이 칙칙하고 무대에 장치한 질그릇의 독들이 앙상하다.
 운동장 구석의 먼지 앉은 벤치에도 때묻은 그넷줄에도 지천으로 버려진 초콜릿 종이에도 사라진 꿈의 찌꺼기가 고요하게 때묻었을 뿐이다. 한 잎 두 잎 떨어지는 낙엽은 이야기의 부스러기와도 같다. 남〔他〕이 꿈을 깐 뒷자리를 하염없이 거닐기란 웬일인지 이야기를 잃은 초라한 거지 같은 느낌이 문득 든 까닭에 쇠를 잠근 별장 앞을 지나기도, 먼지 앉은 벤치에 걸터앉기도 멋쩍어——.

하늘이 유리조각같이 단단해 보인다. 바로 산기슭의 푸른 한 폭은 때리면 깨질 것같이 맑다. 산허리의 단풍이 날이 새롭게 물들었고 그것이 고기 비늘 같은 조각구름과 아름답게 조화되었다.

한 줄기의 곧은 하얀 마을길은 들어갈수록 낙엽이 어지럽다. 백양나무, 아카시아, 다래덩굴의 낙엽이 한층 민첩하고 빠른 것 같다. 머루송이가 군데군데 떨어진 길바닥에 병든 나뭇잎이 한 잎 두 잎 편득편득 날아 떨어졌다.

문득 베를렌의 〈샹송 도도오느〉의 구절이 가슴 속에 흘렀다. 들리지 않는 비올롱의 멜로디가 확실히 걸음의 반주로 그를 아프게 긁는 것이다.

"낙엽과 나——나와 낙엽!"

베를렌를 생각하지 않고 〈샹송 도도오느〉를 마음 속에 그리지 않고 나는 그곳의 가을을 생각할 수 없었다. 그만큼 아름다운 가을을 드물게 안다. 다시 그 가을을 본 날에도 생각은 일반인 것 같다. 나는 그 지협의 가을을 무한히 사랑한다. 가령 프루스트의 글을 읽는다면 가을에 대한 정감은 달라지고 내용도 넓어질 것 같다.

화단, 석양, 지붕, 울, 들, 잡초의 향기—— 이런 소재가 빚어내는 독특한 향기가 있을 듯이 상상되나 그러나 그것이 아직 미지의 세상인 지금에 있어서는 베를렌의 가을이 가장 감동적 정감을 이루어준다. 가을 풍경은 자연이나 정감의 방향은 스스로 일정하다. 때때로 정감이 자연을 규정하는 성싶다. 명작들의 가을 풍경이 얼마든지 나의 정감을 변하여주고 풍부하게 하여주었으면 생각한다.

이등변 삼각형의 경우

사람이 평생에 몇 번이나 로맨스를 겪는지 만인의 경우를 알 바 없으나 비록 돈 환이 아니라도 로맨스—적어도 로맨스다운 것은 누구나 일생에 무수히 경험하리라고 생각한다.
철모르는 보통학교 시절에 같은 급 소녀와 단짝으로 몰려 친구들에게 놀림받았던 기억—이것을 로맨스라고 부르기에는 너무도 어리다고 하면 자란 후 앞집 각시와 마을 뒤편 헛간에서 만나 황급하게 입술을 서로 스치던 이야기, 이것은 확실히 한 장의 로맨스일 것이며, 청년회 발기의 소인 연극을 한다고 뒤끓는 판에 보통학교 교실 한 구석에서 교장의 딸과 몸을 맞대게까지 된 곡절—이것도 로맨스의 한 구절일 것이다.
이 정도의 것도 희미한 기억 속을 공들여 들추면 얼마든지(?) 나온다. 그러나 '피서지의'라는 제한이 있는 까닭에 여기에서는 다음의 이야기쯤을 적을 수밖에 없다.

로맨스라고 하기에는 너무도 서글픈 것일는지 모르나 계절은 같은 계절의 기억을 부르는 탓인지 과제를 받고 문득 다음 이야기가 떠오른 것이다.
　사 년 전의 이맘때——첫여름이었다.
　미흡하고 어리석은 일신상의 실책으로 인하여 주위로부터의 오해, 험구, 욕설을 받아 우울의 절절에 있을 때였다. 답답한 심사를 견딜 수 없어 쇠약한 건강도 회복할 겸 한약을 한 제 지어 가지고 혼자 주을(朱乙) 온천을 찾았다. 물론 그 길이 스스로 피서차도 되었던 것이다.
　지금에는 조선 여관도 많이 섰으나 당시에는 거의 일본 여관뿐이었다. 온천에서도 으뜸가는 S각에 들게 된 것이 인연의 시초였다. 이것은 후에 들은 말이나 S각에는 주로 중앙에서 오는 소위 고관줄이 든다고 한다. 여관의 여급이 둘이서 다 손쉽게 내 차지가 된 것은 당시에 다행히 그런 줄의 인물이 유숙하고 있지 않았던 것이 한 가지의 이유라면 이유일까.
　이웃 방에는 군인 몇 사람이 들었고 딴 채에는 상인인지 실업가인지 한 중년의 사나이가 들어 있을 뿐이었다.
　키가 크고 살결이 희끔하고 허벅진 편이 '스야코'였다. '하루코'는 그와 반대로 얼굴이 작고 눈이 옴폭 빠지고 새침한 여자였다. 나의 방을 맡은 이가 '스야코'임을 나는 그다지 즐기지 않았다. '하루코'의 용모가 훨씬 나의 흥미를 끌었던 까닭이다. 그러나 슬퍼할 것은 없었다.
　그 날 밤이 되기 전에 벌써 '하루코'는 나와 친밀해져서 내 방에까지 오게 되었던 것이다. 친밀하게 된 동기라고 할까——이야기가 조금 부정한 듯하나——화장실에서부터 시작되었다. 온천에 갈 때마다의 버릇으로 나는 화장실 출입이 잦았다. 그때마다, 공교롭게 화장실에는 '하루코'가 들어 있거나 혹은 들어오는 그와 마주치거나 하였다. 3, 4차례나 그러므로 나는 그 이유를 직각하고 마침 화장실에서 나오는 그를 괴덕스럽게 가로막고, "이렇게 자주 드나들 땐 아마 그것인 게로군" 하고 웃었다. '하루코'는 얼굴을 붉히고, 그러나 깔깔 웃으며 꾀 바르게 나의 겨드랑 밑을 빠져 달아났다. 그 날 밤이 되기 전에 그는 나의 방을 찾아왔다.

처음부터 '하루코'와의 관계만이 진전되어야 할 것을 이역(域) 처음부터 호의를 보이는 '스야코'가 쐐기같이 진덕스럽게 '하루코'와 나와의 사이를 틀고 들어왔다. 귀찮은 것이라고 생각하였으나 냄새 진한 탕약도 두 사람이 번차례로 공들여 달여다주었다. 물론 그 귀찮은 시중은 날마다의 비싼 숙박료가 시키는 것이었겠지만 그러나 두 사람의 태도에는 정성스러운 것이 있었다.

'스야코'가 없을 때에는 '하루코'가 내 곁에 있었고 '하루코'가 없을 때에는 '스야코'가 있었고 때로는 두 사람이 한꺼번에 습격하여 왔다.

'스야코' 혼자일 때에는 그는 나에게 몸을 너무도 가까이 하고 숨결을 나의 얼굴에 끼얹었다. 어떤 때에는 허벅진 몸을 뒤틀면서 사춘기의 짐승과도 같이 태도가 노골적이었다. 그리고 주인 노파가 눈치를 채고 그를 불러가기 전에는 어느 때까지든지 나의 방을 나가지 않았다.

그의 태도가 진하면 진할수록 나의 혼은 엷어가고 마음은 도리어 '하루코'를 구하였다. 그러나 '하루코'와의 정서는 서로 은근할 뿐이었지 '스야코'의 눈치 밑에서 그것을 표현할 수는 없었다. 결국 십여 일을 유숙하고 있는 동안에 '스야코'의 쐐기 때문에 세 사람의 관계는 세 귀를 실로 팽팽하게 얽은 것과도 같이 움직이지도 아니하고 발전도 없는 균등하게 긴장된 것이었다.

 이등변 삼각형의 절정에 있는 나는 한 편 실을 버티고 한 편 실을 늦출 수는 없었다. 단정한 삼각형이 이지러지면 좋지 못한 결과를 일으킬까를 생각하였다. 나는 나의 감정과 의지를 주장하여서는 안 되었다. 그러므로 모처럼의 두 개의 능금을 앞에 놓은 정지된 연애 풍경이었다.

 두 사람의 고향 이야기, 일신상 형편 이야기를 들은 후이니까 아마 이튿날인가였다. 밤늦게 내가 이미 잠자리에 누운 후에 두 사람은 일제히 달려들었다. '스야코'의 제의로였던지 두 사람은 한꺼번에 나의 이불 속으로 들어와 한 쪽에 한 사람씩 양편에 누워버렸다. '하루코'는 생리적 변화의 탓인지 고요하고 점잖았으나 '스야코'는 말괄량이같이 껑충대면서 장난쳤다. 벗은 몸을 간지르고, 문지르며 어린아이 모양으로 가댁질을 쳤다. 그러나 나는 똑바로 천장을 향한 채 어느 편으로 돌아누웠으면 좋을지를 몰랐다. 노파가 두 사람을 불러갈 때까지 나는 두 손을 한 사람에게 한 편씩 준 채 부처님 같은 고립으로 똑바로 누워 있을 수밖에는 없었다.

 한번은 목욕탕에 갈 때에 '하루코'가 수건을 들고 층층대로 된 복도를 따라 내려왔다. 옷 벗는 데까지 따라들어온 그는 같은 목욕탕에 들어가서 나의 등을 밀어주기를 주장하였다. 그러나 나는 그것을 거절하지 않을 수밖에 없었다. 하기는 '스야코'의 눈치도 눈치나 여원 나의 전신을 보이기를 꺼린 까닭도 있기는 있었지만 이러한 소극적 태도가 하기는 안전하기는 하였다. 나의 건강에도 안전하였고 두 여자의 정의에도 안전하였다. 그렇다고는 하여도 두 여자의 서로 경계하는 듯한 게염스러운 눈은 나에게 똑똑히 알렸다.

며칠이나 지났던지 그 날은 마을의 운동회라고 아침부터 여관이 떠들썩하였다. '스야코'는 새옷을 갈아입고 기뻐하면서 경주에 상을 많이 타올 것을 언명하였다. 운동회는 시냇물 건너 언덕 위 솔밭 속에서 거행되었다. 나도 낮쯤 해서 구경차로 시냇물의 외나무다리를 건넜다. 오목한 솔밭에는 마을 사람들이 남녀노소 백여 명이 모였을까.

닫기 싫은 '하루코'는 나와 같이 풀 위에 앉아 운동회를 바라보았다. '스야코'는 번번이 일등상을 탔다. 그는 여관 방에 내가 권하는 맥주를 사양하지 아니하고 들이켜듯이 씨근씨근하고 남을 밀치고 되돌아보는 법 없이 잘 달렸다.

보고만 앉았기도 멋쩍은지 운동회가 반쯤 진행되었을 때에 벌써 '하루코'는 일어나서 나의 손을 끌었다. 우리는 '스야코'를 남겨 둔 채 돌밭을 거쳐 마을로 건너왔다. 그러나 여관에 와서 옷을 갈아입고 기분을 가다듬었을 때에는 어느 틈엔지 '스야코'도 씨근거리며 쫓아와서 두 사람 틈에 끼였던 것이다. 수건, 화장품 등속의 타온 상품을 자랑하면서 둔한 척하면서도 약빠른 눈치로 하루코와 나를 관찰하였다. 세 사람의 사이는 심히도 열없고 계면쩍은 것이었다.

신문과 잡지에도 싫증이 난 나는 하루는 날이 흐린 것도 돌보지 아니하고 조금 먼 소풍을 나섰다. '하루코'와 '스야코'도 물론 동행을 자청하였다. 일시에 모이는 마을 사람들의 시선이 귀찮기는 하였으나 나는 그것을 승낙하고 세 사람은 마을을 지나 산모퉁이를 돌아 깊은 산골 속으로 들어갔다.

 담담한 심경으로 자연 풍경을 관상하려던 나의 마음은 다시 인간 관계로 돌아와서 앞서락뒤서락하는 두 여자의 태도와 마음 속을 관찰하고 살폈다. 앙코스키의 별장지대를 지날 때에 밭 가운데에서 일하던 러시아 청년이 흘끔흘끔 우리를 바라보았다. 그 지대를 훨씬 지나 산비탈이 높게 솟은 험한 낭떠러지 밑을 걸어 그윽한 산모양과 맑은 물소리를 들으면서 거의 십 리 가량이나 산 속으로 들어갔을 때에 흐린 하늘은 기어이 비를 뿌리기 시작하였다.

 심란하게 솔솔 내리는 비는 도저히 쉽게 그칠 것 같지 않았다. 하는 수 없이 세 사람은 길을 돌려 뛰어내려오다가 언덕 위 조그만 초가 처마 밑에 들어서 비 뺌을 하지 않을 수 없었다. 길은 멀고—별안간 비가 오고—마음에 없지 않은 여자가 있고—으슥한 초가조차 있는데—소설적 조건은 완전히 구비되어 있으나 나열된 소재 그뿐이지 관계는 그 이상 더 발전할 수 없었다—사람이 셋인 것이다. 이때에도 역시 나는 이등변 삼각형의 꼭대기에서 두 여자를 점잖게 내려다볼 뿐이었다. 정지된 연애 풍경이었다.

 나의 욕망이 그다지 날카롭지 않았던 탓도 있었겠지만 내가 온천을 떠날 때까지 십여 일의 여유가 있으면서도 여전히 미적지근한 관계 그뿐이었다. 온천에 묵는 마지막 날에 '하루코'는 세 사람이 사진을 같이 찍기를 원하였으나 마을에는 마침 사진사가 없었던 까닭에 하는 수 없이 서울 가서 나의 독사진을 부쳐달라는 그들의 간청을 거절할 수 없었다. 그러나 물론 두 사람에게 똑같이 사진과 편지를 보내지 않으면 안 되겠기에 시침떼고 아무에게도 보내지 않았으나.

떠나는 날 그때는 새 손님이 들어 여관이 바쁜 때면서도 두 사람은 이십 리나 되는 정거장까지 나를 전송하기를 자청하였다. 마침 수중의 경제가 없는 관계로 두 사람에게 보낸 십여 일 간의 사례도 엷음을 미안히 여겨 나는 그들의 청을 굳게 사절하였으나 자동차 속에 앉았을 때에는 어느 틈엔지 몰래 차표를 사가지고 양편 곁에 문을 열고 들어오는 것이었다. 끝까지 변함없이 나에게 보여주는 그들의 진한 애정을 너무도 고맙게 여겨 나는 여러 번 감사의 말을 주었다.

공교롭게 자동차 안에는 우리 세 사람뿐이었다. 일렬로 뽀듯이 앉은 나는 마지막으로 두 사람에게 보내는 균등한 애정의 표현으로 될 수 있는 대로 육체의 접촉면을 넓게 하여 필요 이상으로 몸을 흔들고 문지르고 거들거들 이야기하고 뒤슬뒤슬 웃고 하였다. 움직이는 풍경이며 상쾌한 바람이며 심히도 유쾌한 드라이브였다.

주을역 플랫폼에 우줄우줄하고 걷는 많은 사람의 시선이 나에게만 쏠렸다. 이런 경우의 행운아는 좀 거북스러운 것 같다. 나는 열적어서 두 사람과 정답게 이야기하기보다도 도리어 항구로 나가는 양코배기의 일족인 듯한 러시아 미인의 초초한 자태를 바라보는 것이 더 흥미 있는 일이었다.

내 탄 차가 떠날 때에 두 여자는 이별의 눈물을 흘렸는지 어쨌는지 차창으로 확실히 알 수는 없었으나 그러나 차가 멀어질 때까지 오래도록 손을 흔들고 선 것은 저무는 공기 속에 희끔히 보였다.

이러한 이등변 삼각형의 경우를 사람들은 어떻게 처리하는지 모르겠으나 그때의 나로서는 그렇게밖에는 처리할 수 없었다. 그런고로 이런 종류의 로맨스는 나의 즐기는 바가 아니다. 될 수 있다면 난 한 사람과 진득하고 면면한 로맨스를 가지고 싶다. 이런 로맨스도 앞으로 차차 경험하게 되겠지.

병상에서 금방 일어난 지금의 나의 원은 속히 건강이 왕성해져야 할 것, 좋은 글 많이 써야 할 것, 또 한 가지 사치한 생각인지는 모르겠으나 가지가지 로맨스를 많이많이 가져야 할 것——이 세 가지다.

6월 6일

낙엽을 태우면서

　가을이 깊어지면 나는 거의 매일같이 뜰의 낙엽(落葉)을 긁어모으지 않으면 안 된다. 날마다 하는 일이언만, 낙엽은 어느덧 날고 떨어져서 또다시 쌓이는 것이다. 낙엽이란 참으로 이 세상 사람의 수효보다도 많은가보다. 삼십여 평에 차지 못하는 뜰이언만, 날마다의 시중이 조련치 않다. 벚나무, 능금나무…… 제일 귀찮은 것이 벽의 담쟁이다. 담쟁이란 여름 한철 벽을 온통 둘러싸고 지붕과 연돌(煙突)의 붉은 빛만 남기고 집 안을 통째로 초록의 세상으로 변해줄 때가 아름다운 것이지, 잎을 다 떨어뜨리고 앙상하게 드러난 벽에 메마른 줄기를 그물같이 둘러칠 때쯤에는 벌써 다시 지릅떠 볼 값조차 없는 것이다. 귀치 않은 것이 그 낙엽이다. 가령 벚나무 잎같이 신선하게 단풍이 드는 것도 아니요, 처음부터 칙칙한 색으로 물들어 재치 없는 그 넓은 잎이 지름길 위에 떨어져 비라도 맞고 나면 지저분하게 흙 속에 묻혀지는 까닭에 아무래도 날아 떨어지는 족족 그 뒷시중을 해야 된다.

 벚나무 아래에 긁어모은 낙엽의 산더미를 모으고 불을 붙이면 속의 것부터 푸슥푸슥 타기 시작해서 가는 연기가 피어오르고 바람이나 없는 날이면 그 연기가 얕게 드리워서 어느덧 뜰 안에 가득히 담겨진다. 낙엽 타는 냄새가 난다. 잘 익은 개암 냄새가 난다. 갈퀴를 손에 들고는 어느 때까지든지 연기 속에 우뚝 서서 타서 흩어지는 낙엽의 산더미를 바라보며 향기로운 냄새를 맡고 있노라면 별안간 맹렬한 생활의 의욕을 느끼게 된다. 연기는 몸에 배서 어느 결엔지 옷자락과 손등에서도 냄새가 나게 된다. 나는 그 냄새를 한없이 사랑하면서 즐거운 생활감에 잠겨서는 새삼스럽게 생활의 제목을 진귀한 것으로 머리 속에 떠올린다. 음영(陰影)과 윤택과 색채가 빈곤해지고 초록이 전혀 그 자취를 감추어버린 꿈을 잃은 헐출한 뜰 복판에 서서 꿈의 껍질인 낙엽을 태우면서 오로지 생활의 상념에 잠기는 것이다. 가난한 벌거숭이의 뜰은 벌써 꿈을 메우기에는 적당하지 않은 탓일까. 화려한 초록의 기억은 참으로 멀리 까마득하게 사라져 버렸다. 벌써 추억에 잠기고 감상에 젖어서는 안 된다. 가을이다. 가을은 생활의 시절이다. 나는 화단의 뒷자리를 깊게 파고 다 타버린 낙엽의 재를——죽어버린 꿈의 시체를——땅 속 깊이 파묻고 엄연한 생활의 자세로 돌아서지 않으면 안 된다. 이야기 속의 소년같이 용감해지지 않으면 안 된다. 전에 없이 손수 목욕물을 긷고 혼자 불을 지피게 되는 것도 물론 이런 감격에서부터이다. 호스로 목욕통에 물을 대는 것도 즐겁거니와 고생스럽게 눈물을 흘리면서 조그만 아궁이로 나무를 태우는 것도 기쁘다. 어두컴컴한 부엌에 웅크리고 앉아서 새빨갛게 피어오르는 불꽃을 어린아이의 감동을 가지고 바라본다. 어둠을 배경으로 하고 새빨갛게 타오르는 불은 그 무슨 신성하고 신령스런 물건 같다. 얼굴을 붉게 태우면서 긴장된 자세로 웅크리고 있는 내 꼴은 흡사 그 귀중한 선물을 프로메테우스에게서 막 받았을 때의 그 태고적 원시의 그것과 같을는지 모른다. 새삼스럽게 마음 속으로 불의 덕을 찬미하면서 신화 속 영웅에게 감사의 마음을 바친다. 좀 있으면 목욕실에는 자욱하게 김이 오른다. 안개 깊은 바다의 복판에 잠겼다는 듯이 동화(童話)의 감정으로 마음을 장식하면서 목욕물 속에 전신을 깊숙이 잠글 때 바로 천국에 있는 듯한 느낌이 난다. 지상 천국은 별다른 곳이 아니다. 늘 들어가는 집안의 목욕실이 바로 그곳인 것이다. 사람은 물에서 나서 결국 물 속에서 천국을 구하는 것이 아닐까.

물과 불과――이 두 가지 속에 생활은 요약된다. 시절의 의욕이 가장 강렬하게 나타나는 것은 이 두 가지에 있어서다. 어느 시절이나 다 같은 것이기는 하나, 가을부터의 절기가 가장 생활적인 까닭은 무엇보다도 이 두 가지 원소의 즐거운 인상 위에 서기 때문이다. 난로는 새빨갛게 타야 하고, 화로의 숯불은 이글이글 피어야 하고 주전자의 물은 펄펄 끓어야 된다.

백화점 아래층에서 커피의 낱을 찧어가지고는 그대로 가방 속에 넣어가지고 전차 속에서 진한 향기를 맡으면서 집으로 돌아온다. 그러는 내 모양을 어린애답다고 생각하면서 그 생각을 또 즐기면서 이것이 생활이다라고 느끼는 것이다.
 싸늘한 넓은 방에서 차를 마시면서 그제까지 생각하는 것이 생활의 생각이다. 벌써 쓸모 적어진 침대에는 더운 물통을 여러 개 넣을 궁리를 하고, 방구석에는 올 겨울에도 또 크리스마스 트리를 세우고 색전등(色電燈)도 장식할 것을 생각하고, 눈이 오면 스키를 시작해볼까 하고 계획도 해보곤 한다. 이런 공연한 생각을 할 때만은 근심과 걱정도 어디론지 사라져 버린다. 책과 씨름하고 원고지 앞에서 궁싯거리던 그 같은 서재에서 개운한 마음으로 이런 생각에 잠기는 것은 참으로 유쾌한 일이다.
 책상 앞에 붙은 채 별일 없으면서도 쉴 새 없이 궁싯거리고 생각하고 괴로워하고 하면서, 생활의 일이라면 촌음을 아끼고 가령 뜰을 정리하는 것도 소비적이니 비생산적이니 하고 경시하던 것이, 도리어 그런 생활적 사사(些事)에 창조적, 생산적인 뜻을 발견하게 된 것은 대체 무슨 까닭일까. 시절의 탓일까. 깊어가는 가을이, 벌거숭이의 뜰이 한층 산보람을 느끼게 하는 탓일까.

화초

　가을 양기(陽氣)는 지나치게 센 모양인지, 뜰의 화초가 벌써 조금씩 시들어가는 것이 안타깝다. 비 뒤이면 그렇게도 무성해서 가위를 들고 군잎을 속닥속닥 잘라내지 않으면 안 되던 것이 지금엔 잘라낼 여유는커녕 제물에 시들어지고 없어져간다. 그 쇠해가는 양을 볼 때, 더욱 귀엽고 사랑스럽다. 화초도 어느 시절보다도 가을에 한층 아름다운 모양이다. 마치 나뭇잎이 우거졌을 때보다도 단풍이 들고 낙엽이 질 때가 가장 아름답듯이……
　그다지도 찬란하던 살비파가 하루 아침에 눈에 뜨일 만큼 홀쭉하게 잎이 시들어 올라가고, 꽃 이삭이(흡사 들깨같이 이삭에 꽃이 송이송이 달린다) 아래에서부터 누렇게 말라갔다. 봉숭아는 씨만이 튀어져 날고, 프록스도 잡초 속에 녹아버린 듯이 자태가 없어졌다. 프리뮬러와 카카리아는 어지간히 목숨이 질겨 여름철에 다른 꽃들과 함께 우거지기 시작한 것이 맨 나중까지──지금까지 여전히 차례차례로 봉오리가 피어난다. 이 꽃들이 있는 까닭에 뜰은 아직도 화려한 맛을 잃지 않고 있다. 또 한 가지 정정한 것에 부용(芙蓉)이 있다. 베이징〔北京〕에서 얻어온 진종(珍種)이라고 해서 친구가 봄에 두 포기 나누어준 것이 여름 동안에 활짝 자라나면서, 지금엔 키가 나보다 더 크다. 빛은 담황색이나, 흡사 촉규와 같은 모습에 꽃도 하루 꼭 한 송이씩 차례차례로 날마다 피어 올라간다. 그 한 송이의 생명은 꼭 하루 동안이다. 아침에 활짝 펴진 함박 같은 송이는 저녁 무렵이면 벌써 오므라져서 추잡한 꼴을 보이게 된다. 한 송이 한 송이의 명맥은 짧다고 해도 그런 송이가 한 대 중에 무수히 준비되어 있는 까닭에, 결국 그 한 포기 전체의 목숨은 긴 셈이다. 아직도 남은 봉오리가 많다.

첫서리나 와서 화단의 판이 몰싹 주저앉게나 될 때에야 부용은 완전히 시들어 버릴 것이다. 목숨이 긴 것이 꽃의 흠이 아니라, 장점의 하나라고 볼 수밖에는 없다. 지나쳐 단명한 꽃은 어처구니없고 가엾기 때문이다.

장미의 진짜 생명은 한 시간이라고들 한다. 즉, 꽃이 피어서 질 동안까지의 가장 아름다운 시간은 단 한 시간이라는 것이다. 그 한 시간이 지나면 벌써 향기도 없어지고 빛깔도 변해져서 지상미의 절정은 지났다는 것이다. 그때는 벌써 꽃이 아닌 것이며, 형해(形骸)만을 남겼을 뿐이지, 진미는 지났다는 것이다. 미의 시간이 얼마나 엄격하고 어처구니없고 애달픔이랴? 비단 장미뿐이랴, 모든 꽃이 그러할 것이다. 비단 꽃뿐이랴, 사람의 미 또한 그러할 것이다. 비단 사람뿐이랴, 지상의 모든 것이 역시 그렇지 않을까 생각해보라! 청춘의 사랑이 꼭 한 시간에 끝나는 것이라면 이 얼마나 두렵고 안타까운 일인고?

고래의 시인으로서 미의 멸망을 탄식하고 원망하지 않은 이 한 사람이나 있으랴? 꽃이 왜 금시 시들고, 구름이 왜 금시 꺼지고, 무지개가 왜 금시 사라지며, 사람이 왜 젊음을 잃으며, 영감(靈感)이 왜 쉽사리 달아나나──애달프게 탄식한 나머지 조물주에게 물으니 "나는 멸(滅)할 숙명을 가진 자를 미(美)로 작정했노라"고 주(主)는 시인에게 대답하지 않았던가? 미는 본연적으로 멸망의 숙명을 지고 온 것이다. 탄식한들, 기도한들 어찌 그를 막아내는 재주 있으랴? 요행히 장미의 한 시간의 미를 참으로 옳게 바라보고 찾아내고 감상할 수 있음은, 장미 재배에 수십 년의 조예(造詣)를 닦은 전문가라는 것이다. 그 밖의 사람은 그 한 시간을 오산하고, 피어 있는 동안의 장미는 어느 때나 일반으로 아름답거니 하고 바라본다는 것이다. 피어서부터 시들 때까지를 다같이 한눈으로 감상하고 즐긴다는 것이다. 그러나, 이것은 다행한 일이다. 그 누구나 모두가 단 한 시간만을 본다면 나머지 시간은 얼마나 삭막(索莫)한 것이 되랴? 나도 어쩌다 전문가가 안 되고, 그 밖의 축 속의 한 사람이 된 것을 그지없이 행복스럽게 여긴다. 장미뿐이 아니라 무슨 꽃이든지간에 시들어버릴 때까지 공들여 바라보려는 것이다. 한 시간을 보고 버리기는 너무도 아깝다. 꽃뿐이랴, 여인이나 정물이나 세상의 모든 것의 미를, 때때의 변화를 샅샅이 들춰내려는 것이다. 그러면 이 참으로 미를 사랑하는 터가 될 터이므로…….

남창영양(南窓迎陽)

 또렷한 봄의 실마리를, 시절의 제목을 찾지 못해서, 이 짧은 글을 작정된 기한의 마지막 날인 오늘까지 붓을 대지 못하고 있을 제, 우연히 문학도 오륙 인의 방문을 받았다. 이렇게 한꺼번에 오륙 인씩이나 내거함은 드문 일이다.
 지향 없는 젊은 이야기에 활기를 느끼고 있는 사이에, 총중의 한 사람이 슬며시 자리를 떠서 밖으로 나가더니, 얼마 안 되어서 거리의 사진사 한 사람을 데리고 왔다. 함께 사진을 찍자는 것이 일행의 중요한 목적임을 알고, 예측하지 아니한 그 갸륵한 청을 나는 고맙게 또한 반갑게 여겨 현관과 창을 배경으로 복판에 둘러싸여 섰다. 뜰 한편 구석에 카메라를 세우고, 집을 배경으로 두 장, 멀리 원경의 모란대를 배경으로 한 장, 이 해의 첫 사진을 찍게 되었다.
 문제는 그 후에 온다. 찍고 나서, 사진 속에 새겨넣을 글자를 생각하느라고 한참들이나 머리를 모으고 의논에 잠기더니, 드디어 그 난산의 제목을 나에게 고하였으니, 가로되

'이른 봄' 운운이었다.

이른 봄──나는 여기서 문득 홀연히 기한된 이 짧은 글의 착상과 아울러 우연히 봄 생각의 실마리를 얻게 된 것이다.

이른 봄과 사진──그 사이에야 무슨 관련이 있으랴마는, 이른 봄의 반 날을 젊은 문과생들과, 문학담과 즐거운 웃음 소리를 듣고 상호간의 두터운 우의를 옆에서 목격하게 된 것에 한 줄기의 감동이 솟는 것이다. 이른 봄──듣고 보니, 짜장 벌써 이른 봄이 신변에 가까웠음을 느낄 수 있으며, 젊은이들의 정과 뜻과 열정에서 봄은 한층 활기와 의미를 더하여가는 듯하다.

봄은 물론 청춘의 시절이니, 청춘의 하루에서 봄이 열린 것이 즐거운 암시이며 활기 있는 분위기 속에서 우연히 봄을 맞이하게 된 것을 더없이 기뻐한다.

손들을 보내고, 장지를 활짝 열고 남쪽 창 넓은 기슭에 올라앉으니 전폭의 벽으로 흘러드는 따뜻한 햇빛이 전신을 싸고 방 안에 새어들고도 오히려 남는다. 기지개라도 켜고 싶은 모 없는 부드러운 햇빛이다. 창을 열어도 벌써 찬 기운이 얼굴을 찌르는 법 없이 둥글게 몸을 스칠 뿐이요, 하늘은 푸르기는 푸르면서도, 가령 가을 하늘같이 새파랗지는 않고, 푸른 물에 우유를 섞은 모양으로 희미하고 부드러운 빛이다.

하루도 뺀 적 없는 비행기가 가까운 허공을 요란한 소리를 내며 날아간다. 아직도 수뭇수뭇 무춧거리는 그 어디엔지 숨어 눈에 보이지 않는 봄의 생명을 속히 뽑아내려는 듯이 성급스럽게 성화하고 재촉하는 소리가 바로 비행기의 폭음인 듯하다. 그것이 지나간 후에는 그와는 아주 성격이 다른 기차의 기적소리가 가까운 교외에서 길고 한가하게 울려온다. 그것은 봄을 재촉하는 소리가 아니고, 봄을 이미 맞이하여 버린 봄 속에서의 유창한 노래와도 같다.

봉곳이 솟아오른 양지 쪽의 흙 속에는 수많은 생명의 무리가 새 기운을 한껏 준비하여 가지고 한 마디 호령만 하면 비집고 솟으려고 일제히 등대하고 섰음이 완연하다.

나뭇가지의 눈 봉오리는 날이 새롭게 불어오는 듯하며, 오랫동안 자취 멀던 새의 무리가 가지 위에 뻔질 모여들기 시작하였다. 늘 푸른 한 포기의 황양목(黃楊木)이 새삼스럽게 눈을 끈다.

버드나무의 드리운 가지 끝이 푸른 물을 머금었음이 확실하고, 먼 과수원의 자줏빛이 더한층 짙었음이 분명하다.

집 안의 봄은 새달 잡지의 지나치게 민첩한 시절의 사진에서 오고, 거리의 봄은 화초 가게와 과물점에서 재빨리 느낄 수 있었으나, 이제는 벌써 눈에 띄는 모든 것에서 봄의 기색을 살필 수가 있게 되었다. 화초가게 유리창 안에 간직한 시네라리아, 프리뮬러, 시클라멘, 프리지어의 아름다운 색채의 화분은 벌써 창 밖에 해방하여도 좋을 법하며, 과실점을 빛나게 하는 감귤류(柑橘類)의 향기와 갓 수입한 바나나의 설익은 푸른 빛같이 봄의 조미를 느끼게 하는 것도 드물다.

다가오는 봄은 붙들 수 없는 힘이며 막을 수 없는 흐름이다. 늘 오는 봄, 올 때 되면 꼭 오는 봄, 그까짓 얼른 오건 말건 하던 생각은 없어지고, 봄이 점점 절실히 기다려지게 되는 것은 무슨 까닭일까. 얼른 봄이 짙어 풀이 나고 꽃이 피고 나무가 우거지고 그 속에 새가 모이고 나비가 날고 벌레가 울게 되었으면 하는 원이 나날이 해마다 늘어갈 뿐이다.
 자연의 짜장 좋음이 뼈에 사무쳐서 알려지는 까닭인가 한다. 너무도 흔하고 당연하기 때문에 무관하게 지내던 것이 차차 그 아름다움을 철저하게 깨닫게 된 까닭인가 한다.
 아무 때 생각해야 자연같이 아름다운 것은 없다. 나는 이 심정을 결코 설운 참말을 들려줌이 시인이라면, 셸리의 시는 무엇을 의미할꼬……

이성간의 우정
── 와일드 여드름 청년 ──

 이성간에는 순수한 우정이 있을 수 없다는 와일드의 말을 한번은 수긍한 적이 있었으나 요새 와서는 반드시 옳다고만도 생각할 수 없게 되었다.
 이성은 언제나 애욕의 대상만이 되는 것이 아니라, 깨끗한 우정의 대상이 됨을 점점 깨닫게 되었다. 풋청년기에는 이성은 온전히 애욕의 권화로 보이고 욕망의 덩어리로 어리나 청춘기를 지남에 따라 차차 그런 유물적인 이유를 떠나 때로는 완전히 순결한 마음의 대상으로 비치게 되는 듯하다. 이런 때, 위의 와일드의 말은 반드시 진리가 아니며 여드름 청년의 하소연으로밖에는 들리지 않는다.

 이성이란 이성이 모두 다 아름다워 보이고 욕심이 나 보이고 연애의 대상으로 족해보이고 결혼의 의욕을 북돋우고 하는 때가 있다. 뚱뚱하거나 가냘프거나, 박색이거나 미모이거나, 교양이 풍부하거나 무지거나 간에 다같이 어느 정도로 일색으로 보이고 욕망을 가지게 한다.

첫사랑의 대상이 대개 그다지 훌륭하지 못하고, 그와의 벼락 결혼의 결과가 흔히 신통하지 못함을 이런 실망적 초조감과 맹목적 무폭(無暴)에서 기인함이 큰 듯하다. 이런 시대의 이성간에는 동성간에서와 같은 순수한 우정이 성립될 수 없으며 와일드의 말을 그대로 수긍할 수 있는 것이다.

그러나 청춘의 소모기를 지나서 생리의 안전감이 오는 때부터 초조감이 없어지는 대신 침착한 반성이 생기면서 이성에 대한 정확한 비평안(批評眼)이 서고, 자기류의 표준율(標準率)이 작정된다. 이성이라면 다 아름답거나 다 좋은 것이 아니라, 냉정한 단정(斷定)과 기오(嗜惡)의 구별이 엄연히 갈라진다. 자기의 감식안(鑑識眼)에 비추어 아름다운 것만이 이성이지, 아름답지 않은 것은 벌써 이성이되 이성이 아니다.

일종의 물건이요, 목석일 뿐이지 따뜻한 체온으로 정감을 끄는 유기체가 못 된다. 아무리 의상이 놀라워도, 아무리 화장이 사치해도 목석으로밖에는 비치지 않는다. 이런 때 이 아름다운 편에서는 연정과 때로는 우정을 느낄 수 있으나, 아름답지 않은 편에서는 벌써 연정은 느낄 수 없으며 경우에 따라서 우정의 싹틈이 있다면 있을 것이다.

물론 아름답다는 것은 순전히 주관적 색채인 까닭에 사랑의 눈이 여러 가지인 만큼 소위 박색도 그 어느 목에서 연정을 차지해보기는 한다. 자연의 섭리는 이런 때 조금 공평한 척해 보인다.
 사실 삼십줄을 넘어서면 생리의 욕망은 퍽 담박해져서 늦은 봄의 야수같이 그렇게 욕심쟁이는 안 된다. 기호(嗜好)가 까다롭고 표준이 엄격해져서 거기에서 만나는 이성의 아무나가 미인으로는 보이지 않으며 술집에도 그렇게 흔히 눈을 끄는 사람이 있는 것은 아니다. 대개는 다시 거들떠보고도 싶지 않은 목석들이 많다.

 그렇기 때문에 벌써 사족을 못 쓰고 열병을 앓으려 술집 출입을 않아도 좋으며, 가로에서 우연히 난데없이 베아트리체를 만나 지옥(地獄) · 연옥(煉獄) · 천국(天國)으로 고생 고생 순례를 하지 않아도 좋은 것이다.
 굳이 뽐내는 이성은 이를 도리어 경멸의 시선으로 물리칠 수 있으며 간곡히 청을 보내오는 이성에게는 한 줌의 맑은 우정을 보임으로써 자기를 억제할 수 있다.

 이런 경향을 가리켜 반드시 육체적 피곤이라고만 말할 수 없을 듯하다. 피곤이라기보다는 차라리 격정(激情)의 졸업이라고 함이 어떨까. 하기야 격정이 그렇게 하루 아침에 사라져버리는 것도 아닐 것이요, 목숨을 마칠 때까지 완전히 육체를 졸업할 수도 없을 것이기는 하나, 적어도 초조감의 청산은 연륜(年輪)을 따라 천연적으로 되는 것이 아닐까?
 이 연대가 일생 중에 있어서 행복스런 때인지 불행스런 때인지도 일률로 말할 수는 없으나, 어떻든 안정의 때요, 우정의 때임은 사실이다.

이 여드름 시기를 벗어난 때부터 동성간(同性間)에서와 같은 맑은 우정이라는 것도 생각할 수 있다. 야심과 욕망이 없는 깨끗한 정신적 거래의 예가 세상 그 어느 구석에 반드시 있을 것이다. 샘물같이 팃기 없는 마음의 교섭이 소설에서만이 아니라 참으로 있을 법하다.
　나는 지금 그런 예를 설정해서 생각해봄이 기쁘다. 가령 현대적 '로테'가 있어서 불쌍한 '베르테르'에게 마음만의 깨끗한 교섭을 오래도록 지속함이 피차를 구하는 도리라고 눈물로 역설할 때, '베르테르'는 반드시 자살하지 않고도 자기를 건질 수 있지 않았을까. '알리사'와 '제롬'의 경우도 이와 같다. 와일드를 불러 외람히 여드름 청년이라고 하는 소이이다.

상하의 윤리

 이웃집이 석조(石造) 이층이지만, 층 위에 남북으로 넓은 노대(露臺)가 달려 있어서 집안 사람들의 조망(眺望)의 터가 되는 까닭에 층 아래의 거주자인 이 편으로는 여름철이면 단층의 비애를 절실히 느끼게 된다. 더운 김에 노대에 완자(椀子)를 내놓고 바람을 맞으며 사방을 굽어보고 하계(下界)를 조망(眺望)함이 그 편으로 보면 마땅도 하고 쾌적(快適)한 일이다. 조망의 대상이 되는 하계의 주민으로 보면 이같이 불유쾌한 일이 없어 아침 저녁으로 사람의 그림자가 높은 곳에 어릿거릴 때 무시로 신경의 자극을 받게 되어 부질 없이 자기 몸을 살피게 된다. 여름의 습속(習俗)은 다 마찬가지. 집 안에서는 문을 열어젖히고 옷을 벗어부치고 기탄없는 해방의 방법으로밖에는 더위를 물리칠 수 없는 것이다. 그 방일(放逸)의 습속이 외계의 시선에 부딪치고 있음을 알 때 몸에 거미나 와닿는 듯 소름이 끼친다. 한번은 아이가 오른 것을 호되게 꾸짖어주고 불쾌의 의사를 노골적으로 표시

해두었던 까닭에 그 후로는 얼마간 겸양하는 눈치이기는 하나 그래도 지각없는 젊은 측이 아직도 해뚱해뚱 자태를 보이며 철난간(鐵欄干)에 의지해서 때로는 말을 걸어온다. 행여나 방구석에 숨어 쌍안경으로 거리의 수많은 방 안에다 초점을 맞추면서 악질의 장난이나 치지 않을까 아닌 걱정이 나며 층 위의 그들을 결코 친밀한 낯으로는 대하지 못하게 되었다. 뒷집에서는 언제인가 노대의 시선에 마주쳐 크게 봉변을 당했다 해서 담 위에 높은 함석판장을 세우고 노대의 시선의 지경을 막는 등 고심을 했다는 것이 남의 일 같지 않게 들린다.

가진 사람이 가진 것을 부끄러워한 적이 있었으나 오늘에는 그들은 자기의 유산을 터놓고 자랑하고 뽐내게 되었다. 있어도 없는 척 그것이 마치 하나의 유행인 듯 일부러 궁태를 지니고 가난을 말하고 확실히 그 무엇에 위협을 당하고 있는 듯이 전전긍긍 움츠리고 있었던 시대가 전설같이 멀다. 오늘은 벌써 아무도 그러지 않는다. 위협하는 마귀가 없어진 것이다.

친구간에는 돈 있는 것이 자랑이 되었고 문화인이 거리에서 행세함에는 항산(恒産)의 다과(多寡)가 기준이 되고 큰 저택을 가진 사람은 그것으로써 사회의 자격이 커지고 옷섶이 넓어졌다. 그들에게는 안전하고 좋은 시절이 온 것이다. 부질없고 떨고 걱정하고 대중의 낯빛을 살피지 않아도 좋게 되었다. 이 층의 거주자가 옷자락을 헤치고 노대에서 거들거려도 좋은 것이며 행여나 그들을 욕주고 돌총을 던진 사람은 없다. 그런 계급은 몰싹 주저앉아 버리고, 대중은 양같이 순하게들 되었다──그러나 이것이 노대의 종족의 발호(跋扈)의 이유라면 나는 그들을 두 겹으로 경멸하려는 것이다. 때가 변했어도 종족의 구별은 더욱 엄연한 것이며, 때의 그림자에 숨어 숨을 크게 쉬는 자라면 우(隅)를 등진 범같이 더욱 얄미울 뿐이다. 층 위의 범들의 버릇없는 꼴들을 보며, 이것을 느낌은 개인적인 반감에서 오는 편견만은 아닐 듯싶다. 그러나 어떻든 노대의 시선을 무엇으로 막아낼까가 내게는 초미(焦眉)의 문제이며 여름철이 아닌 신경의 낭비는 원(怨)되는 바 크다.

　음지도 양지 되는 때 있어 지난해 늦여름의 한 철을 층 위에서 지낸 일이 있었다. 식구 한 사람이 입원한 까닭에 간호를 겸해 그 이층 병실에서 아침 저녁을 보내게 된 것이다. 복도에 서면 안뜰이 내려다보이고 뜰 맞은편이 바로 의사의 살림집이어서 열린 문으로 방 안의 정경(情景)이 무시로 들여다 보인다. 일부러 보려는 것이 아니다. 지척의 사이인 까닭에 자연히 시선 속에 들어오고야 만다. 그러나 한 번도 어지러운 꼴이 눈에 띄지 않았음은 젊은이보다도 늙은이와 아이들의 세상이었던 까닭인지는 모르나 집안 사람들의 점잖은 태도에 되려 감동하게 되었다. 식탁들을 대했을 때나, 이불 위에 드러누웠을 때에나 조금도 어지러운 자태없이 단정하고 의젓한 것이다. 그들의 심성과 교양이 마음 속에 울려오면서 나는 하나의 암시를 받는 듯도 했다.

　사람이 숨은 방 안에서 자유로운 시간을 가질 때, 그들의 몸 지니는 자세와 태도는 천차만별 다를 것이나, 개중에는 가령 별안간 네 쪽의 벽을 살며시 뜯어놓고 본다고 해도 여전히 의젓하고 점잖은 자태라는 것이 있을 법하다. 벽을 대해서 부끄럽지 않듯 사람을 대해서도 부끄럽지 않은, 보기에 훌륭하고 아름다운——그런 태도가 있을 것이다. 이들은 천연(天然)의 명배우여서 꾸미지 않으나 몸가지는 일거 일동에 알 수 없는 매력이 넘친다. 아름다운 심성의 표시요, 교양의 발로일 것이다. 열정과 초조에 사로잡힐 때 표정과 자세는 이지러진다. 맑은 이성(理性)과 안정(安靜)에서 우러나오는 단정한 자태는 아름다운 것의 하나이다. 노대의 시선을 맞을 때 아무 태도를 가지든 그들의 허물할 바 안 되겠지만 이 편의 태도의 훌륭함은 그들의 시선을 막아내는 최상의 방법이 아닐까. 시선을 겁낼 것 없이 자기발로(自己發露)의 충실을 꾀할 수밖에는 없는 것이다. 급기야 내 생각은 여기에 이르러 몸의 수양을 명념(銘念)하게 된 것이나 생각하면 극기(克己)의 수양이라는 것같이 뜻없는 것도 없는 듯하다. 고대의 성철(聖哲)이나 군자가 될 것도 아닌 것을 책상 앞에 단좌하고 마음의 수양을 쌓는다는 것은 쑥스럽기 짝이 없는 일이다. 타고난 천성(天性)과 반생(半生) 동안 배워온 몸짓을 새삼스럽게 거북스런 골 안에 우겨 넣고 불린다는 것이 어리석은 것으로만 여겨진다. 그러게 이층의 시선을 물리칠 좋은 도리를 아직도 찾지 못하고 있는 중이다. 여름이 무더운 이유는 여기에도 한 조목(條目) 있다.

1939년

HOTEL 부근

하숙 이층에서는 호텔과 후원의 팔각당(八角堂)이 정면으로 바라보인다. 호텔의 창호(窓戶)는 늘 닫히었고, 굴뚝에는 연기가 그칠 새 없고, 팔각당 근처에는 수목이 푸르다. 저녁때면 소복소모(素服素帽)의 보이가 나무 사이에 희끗희끗 어른거리며 당 주위를 휘돌아치며 새둥우리라도 들쳐내려는 듯한 눈치였다. 노가주나무와 은행나무 가지가 흔들렸다. 지붕 기와 틈에 앉았던 검은 새가 푸드득 날곤 하였다. 그 아름다운 한 폭의 풍경을 나는 사랑한다. 확실히 그 어느 화가의 그림에 비슷한 구도가 있었던 듯이 기억된다. 그 귀한 한 폭을 하염없이 굽어보며 생각에 잠기곤 하였다.

호텔의 창은 다 닫히었고 여인의 그림자 한번 어리는 법 없으므로 나는 그 속의 생활을 알 바 없다. 그들이 이쪽 이층의 생활을 모르는 것과 일반이다.

방이란 한량없이 신비로운 것이니 그 속의 생활은 언제든지 외부에 대하여서는 닫혀진 비밀이다. 세상에는 수십 억의 방이 있겠으나 그 많은 방들은 그 속에 공기와 채광과 색조가 다르듯이 감정과 성격과 인생도 다 각각 스스로 다르며 동시에 비밀인 것이다. 즉 세상에는 방의 비밀이 있다(수십억의 소설이 있어야 할 것은 물론이다).

비밀——사람은 반드시 한두 조각의 비밀을 가지고 있는 법이니, 아무리 거리가 가까운 눈앞의 호텔이라 할지라도 나는 그 속에 갈피갈피 숨었을 수많은 비밀을 단 하나라도 알 길이 없는 것이다. 호텔은 새려 같은 이층 이웃방 주민의 생활조차 모른다.

우리는 날마다 거리에서 수많은 사람들을 만난다. 걸음걸이를 보고 시늉을 관찰하고 회화를 엿들을 수 있다. 그러나 그뿐이요, 그 이상 그들에게 관하여는 아무것도 알 수 없는 것이다. 탁자에서 열정을 보이고 주의를 말하고 계획을 세우나, 그것과 그의 생활의 비밀은 스스로 다른 문제이다.

베레를 쓰고 루즈가 진한 것만 보고 어찌 그 여자의 속심을 알 수 있으리요. 거리에서 빚어지는 화려하고 안타깝고 상기되는 생활의 표면과 그들이 각각 방으로 돌아갔을 때의 생활의 속과는 스스로 다른 것이다. 흥분되고 감동되는 접촉면과 한 꺼풀 막(幕) 너머의 현실과는 딴판이다. 가령 날마다 같은 곳에서 같은 시간에 만나는 알 바 없는 여인(麗人)의 현실 속에 우연한 기회로 참가할 수 있었을 때, 우리는 얼마나한 놀라움과 꿈의 차이와 신비와 때로는 서글픔을 느낄 것인가.

우리는 드디어 아무것도 모르는 것이다. 두렵다고도 할까. 다른 사람에 관하여서는 백치(白痴)의 상태에 있을 뿐이다. 거리란 방 속의 세상은 따로 제쳐두고 다같이 잠시 동안 모여들어 뛰고 춤추고 흥분하고 장식하고 꿈을 주고받고 하는 가짜의 회장(會場)과도 같은 곳이다.

　슬프고 안타까운 일이지만 할 수 없는 노릇이다. 우리는 별수없이 소여(所與)의 생활만을 침착하게 해가는 수밖에 없다. 방에 돌아가면 자신의 알맞은 비밀이 기다리고 있을 터이니까.

　하숙의 이층은 나의 여우(旅寓)에 지나지 못하나, 나의 생활에 결코 무의미한 페이지가 아니다. 그 방은 가난은 할망정 나에게는 그립고 친하다. 열어젖힌 창으로는 이웃 공장들의 연기와 그을음이 들어왔으나 밤늦게 불을 끄면 달빛도 새어들었다. 달빛에 젖으면 팔각당은 한층 신비롭게 보였다.

　한가한 아침이면 양편 창으로 근심 없이 뜬 경기구(輕氣球)가 방울방울 가볍게 바라보였다. 구름과 하늘이 산 속같이 맑은 달도 있다. 겨울과 여름에 따라서는 방의 조망도 다르거니와 방의 생활도 다르다.

　내용과 감정과 성격이 변천한다. 그 변천의 역사가 스스로 방 어느 구석엔지 남아 벽 위에 때묻고 손톱 자국 나는 것을 나는 안다. 육안에 보이지 않는 상형 문자(象形文字)로 내용의 기록이 벽 위에 덕지덕지 적히움을 안다. 등장 인물은 사라져도 때는 남는 것이다. 나 이전에 그 방에서 살았을 수많은 사람들의 날도 남았으려니와 나 이후에 살 사람들의 생활도 그 위에 때묻을 것이다.

차례차례로 이어갈 그 많은 생활 내용은 물론 다 각각 은밀한 것이다. 단순한 한 칸의 방은 참으로 비밀의 도가니요, 비밀의 계열이다. 이웃방도 그렇고 그 다음 방도 그렇고, 층 아래 여러 방도 물론 그렇다. 방은 인생의 항구랄까. 항구 항구에 이야기를 남기고 인생은 또 다른 항구에서 항구로 흘러간다.
　겨울 동안 이웃 방에 들었던 식구들——장성한 딸과 어미 없는 어린 것들을 데리고 유행가를 배우던 아버지는 간 곳 없다. 같은 층 끝 방의 치과 학생도 없고 갓 해산했던 아래층 여점원도 가버렸다.
　그들은 이 여름을 어디서 허부적거리며 헤엄쳐들 건널까. 그들 대신에 하숙에는 낯모를 주민들이 방방에 찼다.
　세면장(洗面場)에서 만나면 짧은 아침 인사를 건네고 식당에서 부딪치면 농담의 두어 마디를 주고받을 뿐이요, 그들의 정체는 물론 알 바 없다. 교원이요, 회사원이요, 직인(職人)들임을 알 뿐이지, 이웃 방이 고요할 때 그들이 방에 있는지 없는지조차 모른다. 남의 생활이란 피차 관여할 바가 아니며 다 각각 각자만의 것인 까닭이다.
　겨우내 추운 방 이불 속에 더운 물통을 정성껏 넣어 주는 주인 노파는 목욕물이 더우면 나에게 제일 먼저 일러주고, 아들에게서 편지가 오면 자랑삼아 겉봉을 보이곤 하였다. 아들은 올림픽 대회에 출장한 중거리 선수였다. 편지는 스위스(瑞西) 호텔에서 왔다. 노모의 자랑은 하늘을 찌를 듯하였다. 그는 아들의 많은 사진과 오려낸 신문기사의 조각조각을 내보이기까지 하였다. 나는 선수를 칭찬하고 성공을 빌었다.

 하숙은 생활의 전람장이나 일일이 방 안을 엿볼 수 없음이 유감이다.

 이층에서의 전망은 또한 얼마나 풍부한가. 호텔도 호텔이려니와 바로 눈아래 근경을 나는 더한층 사랑한다. 부근은 철공장에서 오는 소음으로 늘 요란하다. 철판 끊는 소리, 기관 도는 소리, 멀리서 오는 시가의 해조(諧調)가 섞여 부근의 어지러운 생활에 끊임없는 한 위대한 반주를 이룬다.

 층 아래는 바로 넓은 공지를 이루어 그곳으로 향하여 각 가호 생활의 문이 열렸다. 공지의 생활상은 아침 저녁으로 변하고 조그만 사건이 뒤를 잇는다. 거의 한 차례씩 싸움도 일어났다.

 아침에 제일 일찍이 공지를 지나는 것은 장사치요, 다음은 출근하는 직인들이다. 낮이 되면 근처 직공들이 모여들어 소한(小閑)을 이용하여 캐치 볼을 하였다. 야채 행상은 빈 하차(荷車)를 끌고 와 그늘에 세우고 그 속에 웅크리고 낮잠을 잤다. 인물이 가장 풍성한 것은 저녁 무렵이다. 쓰레기통 옆에서는 아이들이 자리를 펴고 놀고, 골목쟁이에서는 이웃집 주부들이 모여 수군수군 소문들을 귀띔하는 눈치였다. 하는 일 없이 날마다 거의 무시로 나타나 주부들에게 인사하며 하염없이 돌아다니는 것은 무직의 노인 같다.

 서쪽 편에는 중국 가호가 두어 채 있어 문 앞에는 늘 식구들이 나와 거닐었다.

 모령의 여자는 아무리 보아도 이웃집 사내와 남이 아닌 눈치였다. 집모퉁이에서 만나다가도 인기척만 나면 슬금슬금

골목으로 사라지곤 하였다. 서먹서먹하고 멈칫거리고 어색하고, 그러면서도 대담하고 서투른 꼴이 틀림없이 사랑에 갈팡질팡하는 사람의 꼴이었다. 청복(靑服) 사이로 종아리가 허옇게 드러나도 그것을 여밀 염도 하지 않고, 우두커니 생각에 잠겼다 홀깃홀깃 이쪽 창을 쳐다보는 때가 있었다. 내가 그를 수상히 여기듯이 그 역시 불규칙하게 창에 어리는 나의 꼴을 수상히 여겼을는지도 모른다.

하루는 남향 쪽이 왁자지껄하였다. 또 싸움인가 하고 내려다보니 한 사람의 여인이 집 널빤지를 향하여 바라지게 떠들며 욕지거리였다. 보고 섰는 사람들도 웃고 맞장구를 치며 부추기었다. 비난의 상대가 누구인지를 몰라 시비의 곡절을 판단하지 못하고 있을 때 반지문이 열리며 창백한 소년이 겸연쩍은 얼굴로 나왔다. 벽에 붙은 조그만 화장실(厠間)이었다.

여인은 화장실의 사용을 그렇게까지 까다롭게 책망하였던 것이다. 차인군(差人軍)인 듯한 소년은 낯도 쳐들지 못하고 세웠던 자전거를 끌고 사람 숲을 헤치며 슬금슬금 사라져 버렸다. 웃음소리는 한동안 한층 더 요란히 터졌다── 뒷골목 인정은 박하고 야속도 하였다.

호텔 부근은 어수선하고 층의 전망은 무한하다.

떨어져서 생각하면 모두 그립다.

또다시 그 가난한 이층에서 지낼 날이 기다려진다. 원컨대 헌 벽도, 낡은 방바닥도 고쳐지지 말고 있는 그대로 남아 있기를 바란다. 그곳에 올 나의 다음 생활의 정감은 어떤 것일까. 전망의 풍경은 어떻게 변하여질까.

첫 고료

신문 소설 고료의 규정이 어느 때부터 어느 정도로 정연하게 섰던지는 모르나, 잡지 문학의 고료의 개념이 확고하게 생긴 것은 4, 5년 전부터라고 기억한다.

《조광(朝光)》,《중앙(中央)》,《신동아(新東亞)》,《여성(女性)》,《사해공론(四海公論)》등이 발간되자, 소설로부터 잡문에 이르기까지 일정한 고료를 보내게 되었고, 이후부터 신간되는 잡지도 그 예를 본받게 되어 어떤 잡지는 종래의 관습을 깨뜨리고 새로운 개념을 수립하기 위해서 원고를 청하는 서장 끝에 반드시 "사(社) 규정의 사례를 드리겠습니다"의 한 줄을 첨가하게 되었다. 이 한 줄이 문학의 새시대로 접어들게 된 첫 성언(聲言)이 아닐까도 생각된다.

이 일군(群)의 잡지 이전에도《해방(解放)》,《신소설(新小說)》등에서 고료라고 이름 붙는 것을 보내기는 했으나 극히 편파적인 것이었다. 그 이전《개벽(開闢)》시대의 경우는 알 바가 없으나, 어떻든 불규칙하고 편벽된 것이 아니고 본식으로 고료의 규정이 생긴 것은 《조광(朝光)》 등 일련의 잡지로부터 비롯해진 것이며, 그런 의미로만도 차등지(此等誌)의 공헌은 적지 않다고 본다.

두 말할 것 없이 문학의 사회적 인식이 커지자 수용이 더하고 상품 가치가 늘어난 결과, 작품에 처음으로 시장가격이 붙게 된 것이니 이런 점으로 보면 고료의 확립이 시대적인 뜻을 가진다.

한 좌석의 술이나 만찬으로 작가의 노고를 때워 버리는 원시적인 방법이 청산되고, 원고의 매수를 따져 화폐로 교환하게 된 것이니, 여기에 근대적인 의의가 있고 발전이 있다. 고료의 확립을 계기로 해서 문학 성과에 일단의 진전이 시작되었다고는 볼 수 없으나 작품이 작품으로서 취급받게 되고, 그것을 창작하는 작가의 심정에 변화가 생겼음이 자연의 이치일 때, 문학에 격이 서고 문단의 자리가 잡힌 것도 사실이다.

이 고료 확립의 일행이 조선문학사의 측면적 고찰의 한 계점(契點)이라고도 볼 수 있다. 물론 현 30대 작가의 고료의 경험은 반드시 4, 5년 전, 즉 《조광(朝光)》 등의 창간부터 시작되지는 않으며 좀더 일찍이——가령 나의 예로 말하더라도 첫 고료의 기억은 6년 전까지 올라간다. 고료라기에는 격에 어그러질는지 모르나 원고지에 적은 조그만 소설이 화폐로 바뀌어진 것은 사실이다.

중학 4, 5년 급의 시절, 매일신보(每日申報)에는 일주일에 한 번씩 증간되는 2면의 일요 부록의 문예면이 있었다. 거의 일요일마다 400자 5, 6매의 장편(掌篇) 소설을 투고해서 그것이 번번이 활자화되는 것이 주간마다의 숨은 기쁨이었다. 근 반 년 동안에 수십 편의 소설을 던졌고 그것이 거의 모조리 실리어졌다. 상금 제도였던 듯 갑상(甲賞)이 십 원, 을상(乙賞)이 오 원.

《홍소(哄笑)》라는 일 편이 을상에 들어 오 원을 얻었을 때, 이것이 최초의 고료의 기억이다. 가난한 인력거꾼이 노상에서 돈지갑을 줍게 되어 그것으로 술을 흠뻑 먹고 친구들에게도 선심을 쓰는──조그만 장면을 그린 소설이었다. 발표된 지 며칠 만에 문예부 주임 이서구(李瑞求) 씨가 오 원을 들고 일부러 무명 학동의 집을 찾아준 것이다. 마침 밖에 나갔던 관계로 그를 만나지는 못했으나──따라서 지금껏 이서구 씨와는 일면식이 없으나──집에 돌아와 그 소식을 듣고 송구스런 마음을 금하지 못하며 그 첫 오 원의 값을 대단히 귀중한 것으로 여겼다.

매주 부록에는 시와 소설을 무수히 보냈었으나 고료로 바뀌어진 것은 단 그 한 번이었고, 외는 실어주는 것만으로도 고맙지 않느냐는 눈치였다. 이 실어주는 것만으로도 고맙지 않느냐는 눈치는 그 부록뿐만이 아니라 그 전후의 잡지가 다 그래서 그 후《조선지광(朝鮮之光)》,《현대평론(現代評論)》,《삼천리(三千里)》,《조선문예(朝鮮文藝)》등이 이 예를 벗어나지 않았고,《신소설(新小說)》이 고료라고 일 원 기원야(一圓幾圓也)를 몇 번 쥐어준 일이 있었고,《대중공론(大衆公論)》은 고료 대신에 완전히 주정(酒精)의 향연으로 정신을 뺏으려 들어, 사실 지금 술이 이만큼 는 것은 그 편집장 정(丁) 대장의 공죄인 듯하다.

동아, 조선 양지가 단편과 연재물에 대해서 또박또박 횟

수를 따져서 지불했을 뿐이요, 잡지로는 《조광》의 출현까지는 일정한 규정이 없었다. 이전 《매신(每申)》의 부록 다음 시대에 동아일보 신춘문예에 두 번 선자를 괴롭혀 이십 원과 오십 원을 우려낸 일이 있었으나 이도 물론 떳떳한 고료라기는 어렵다.

　《조광》 이후 소설이든 수필이든, 잘 되었든 못 되었든 간에 1매에 오십 전의 고료를 받아오는 것이 많지도 않고 적지도 않은 현금의 시세인 듯하며, 앞으로 당분간은 아마 이 고료의 운명과 몸을 같이 할 수밖에는 없을 듯하다.

전원 교향악의 밤

여행 떠난 지 거의 일주일이 되었다. 훌륭하지도 못한 하숙 이층 방에서 그믐을 보내고 정초를 맞기가 그다지 서글플 것도 없었다. 달력의 음양을 물을 것 없이 제야(除夜)라는 것이 그다지 특별한 정서를 자아내지 못하게 되었다.

친구를 만나고 책을 읽는 밤이 하필 제야가 아니고 다른 밤이라도 좋을 것이며, 가정의 단란과 이웃과의 사귐도 제야가 아니고 그 어느 밤이라도 좋은 것이다. 그러므로 제야를 객지에서 맞고 쓸쓸한 방에서 홀로 책을 읽음이 그다지 서글플 것은 없다.

다만 남쪽으로 향한 이층 방이 맞은편의 호텔과 비겨 너무도 쓸쓸하고 한산함이 한이라면 한이었을까. 주인 노파가 아무리 공들여 방 안에 숯불을 넣어주고 소제를 해주고 저녁 목욕을 일찍이 권하여준다 하더라도 얇은 벽과 단짝의 창을 가진 방이 호텔의 방같이 포근하고 윤택할 리는 만무하였다. 이웃 방에 사는 식구들이 무엇을 하고 살아가는지도 모르고 아래층 구석 방의 해산한 여자의 남편이 누구인지도 모르는 서먹서먹한 형편의 하숙 공기가 몸에 사무쳐서 따스할 리는 없었다.

만나는 친구도 없고 찾아올 사람도 안 오고 하기에 나는 밤이 늦도록 책을 들었다. 화로에 숯불이 튀고 이불 속에 넣은 더운 물통이 몸을 녹였다. 《이노크 아덴》을 읽고 《전원 교향악》을 읽었다. 《이노크 아덴》——있음직한 이야기요, 영원의 주제이면서도 서사시의 번역같이 김 빠지고 향기 없는 음식은 없다고 생각하였다. 신기하고 신선한 환영이 종시 눈앞에 솟아오르지는 못한다. 두 번 거듭 읽지 못할 것은 서사시의 번역인 것이다.

《전원 교향악》은 향기로운 술이다. 과실을 한 입 한 입 베어 먹을 때의 흥과 긴장으로 한 줄을 훑어 내려갔다. 침착한 착상, 완벽한 문장——지드의 소설에는 한 자의 플러스도 할 수 없으며 한 자의 마이너스도 아깝다. 임의의 어떤 구절을 뜯어보면 그것은 늘 최후의 것이요, 최상의 것이다. 흠집 없는 구슬이라고 할까.

젤드류드는 뉴샤델의 음악회에서 베토벤의 교향악을 듣고 드디어 눈 밖 세상의 아름답고 찬란함을 마음 속에 황홀히 느끼고 기어이 목사에게 묻는다.

"목사님이 보시는 세상은 정말 그렇게 아름다운가요."

똑바로 대답하기를 피하고 영원의 아름다움을 말하는 목사의 심중에는 쓰라린 것이 있었다.

"저를 속이지 않으시겠다고 약속하시겠지요. 자, 그럼 똑바로 말씀해주셔요——저 고와요?"

젤드류드는 여자가 사모하는 사람에게 묻는 마지막 질문을 한 것이다. 여자는 마지막으로 기어이 이것을 물어보아야 되는 것 같다. 가장 중요한 진정의 질문인 것이다.

"그것을 물어서는 무엇하게."

"마음에 걸려요 …… 알고 싶어요 …… 무엇이라고 말할까요 …… 교향악 가운데서 제 모양이 그다지 어울리지 않을까가 알고 싶어요. 이런 것은 다른 곳에서는 물을 분이 없으니까 말예요."

"젤드류드, 네가 아름다운 것은 뻔한 일이 아닌가?"

목사는 기어이 거기까지 말하지 않을 수 없었다.

무엇을 가지면 이 아름다운 구절과 바꿀 수 있을까. 별보다도 아름다운 이런 구절구절이 지드의 소설 속에는 도처에 흩어져 있는 것이다. 아깝다! 귀하다! 문학이여, 인류와 함께 길이길이 영화롭고 다행하라.

밤이 깊어감을 모르고 나는 골똘히 이야기 속에 잠겨들어 갔다. 구절구절 방울방울의 피가 되어 나의 몸을 태워갔다. 훌륭한 소설 앞에는 한산한 방의 탄식도 서글픈 제야의 감정도 자취없이 사라지고 다만 있는 것은 유쾌한 신경의 흥분과 마음의 도취뿐이다.

날이 밝고 해가 뜬 후 나는 찻집에 갔을 때마다 베토벤의 제 6 심포니를 여러 차례 들었으나 끝끝내 지드의 소설의 감흥은 당할 수 없었다.

그렇듯 소설에서 받은 흥은 컸다.

제야의 교향악——그것은 음악 아닌 음악 이상의 아름다운 교향악이었다.

채 롱

시 골

우거진 여름나무 그림자가 아니라 잎이 떨어지고 가지만이 앙상하게 남은 겨울나무의 그림자라는 것을 사람들은 그다지 생각해본 적이 없을 듯하다.

우거진 나무 그림자라는 것은 으슥한 낮잠의 터는 되어도 겨울나무 그림자의 외롭고 아름다움은 없다. 겨울나무가 푸른 그림자를 처녀설(處女雪)의 흰 막 위에 던지고 있는 그림은 쓸쓸하면서도 깨끗하고 아름다운 것이다.

그런 아름다운 그림을 나는 겨울에 함경선(咸鏡線)을 지날 때에 가장 흔히 본다. 과수원이나 혹은 낙엽송림(落葉松林)에 눈이 쌓여 아직 밟히지 않은 그 백지 위에 나뭇가지 혹은 수풀의 그림자가 푸른 목판화(木板畵)같이 또렷하게 박혀져 있는 풍경은 아무리 상주어도 오히려 부족하다. 차창에서 눈을 떼지 않고 지나가는 그 한 폭을 아깝게 여기며 다음 것을 기대하는 수밖에는 없다. 조촐하면서도 쓸쓸한 나무 그림자를 볼 때 나는 시골의 생활이라는 것을 생각하게 된다.

　차가 한적한 역에 머물러 눈이 쌓인 마을을 바라보면서 고요한 길을 걷노라면 대체 마을에는 사람이 살고 있는가 없는가 그 속에도 생활이 있나…… 의심하게 된다. 별것 아니라 겨울나무 그림자 같은 생활이 그 속에 있음을 깨닫게 되고 이상한 것은 그런 생활에 곧 또 익어져감이다. 화려한 곳에서와 마찬가지로 지극히 쓸쓸한 곳에서도 사람은 살 수 있는 것이요, 살라는 마련인 듯하다.

　무료한 속에서 나는 C의원을 찾는 날이 많았다. 응접실에서 난로를 쬐면서 한가할 때의 닥터 B와 이야기를 하며 시간을 지운다. 밤이면 난로가 달아서 한 구석이 과실같이 새빨갛게 익은 것을 둘러싸고 앨범을 뒤적거리고 〈우울한 일요일〉의 레코드를 듣다가 이웃 방에 준비되어 있는 늦은 만찬을 시작한다. 식탁의 진미는 인읍(隣邑)에서 주인이 손수 사온 도미, 굴과 식혜, 수정과, 부인이 손수 만든 아이스크림, 더운 온돌방에서는 이 이상의 선미(鮮味)는 없다. 식사가 끝나면 윷놀이를 하고 상품을 나눈다.

　그러나 시골의 살림은 나무 그림자같이도 호젓하고 쓸쓸하다. 난로를 끼고 창으로 눈을 내다보고——너무도 단조하면 젊은 B박사는 인읍으로 영화 구경을 종용한다. 삼십 몇 년 형인지의 조금 낡은 자가용 차를 손수 운전해가지고 집 앞까지 맞으러 온다. 같이 타고 몇 마정을 채 못 가서 발동이 머물고 속력이 떨어진다.

　간신히 몰아가지고 온 길로 되돌아 어디로 가는고 하고 의 아해하노라면 차는 도로 병원으로 들어가 차고 앞에 선다. 여러 날 쓰지 않았던 차에 물을 넣은 지가 오래된 까닭에 어느 결엔지 얼어버려서 발동에 지장이 있다는 것이다.
 하는 수 없이 굳이 눈이 구두 밑에서 빠작빠작 울리는 밤거리를 걸어가서 차부에서 버스를 타면 아무래도 인읍까지는 십 분이 넘게 걸린다. 늦은 영화관에 들어가면 이어 케이블과 콜벨의 〈어느 날 밤에 생긴 일〉이 시작된다. 낡고 망측한 토키를 끝까지 듣고 나면 머리가 땅하다.
 거리의 찻집 '동'에서 이것도 망측한 커피를 마시며 한 시간쯤 쉬다가 이번에는 택시를 세내서 고개를 넘어 집으로 돌아온다.
 이튿날 한낮은 되어서 B씨를 찾으면 그는 방금 조반이 끝났다고 하면서 피곤의 빛을 띠고 나타난다. 들어 보면 놀라운 곡절이다. 새벽 네 시는 되어서 촌에서 난산의 급한 환자가 있다고 사람이 뛰어온 까닭에 십 리나 되는 원수대까지 차를 몰고 가 사경의 산부를 수술하고 태아를 조각조각 오려서 낸 후 집에 와서 잠깐 잠이 들었다가 늦은 조반을 먹고 나니 그때라는 것이었다.
 아무렇거나 간에 단조를 깨뜨린 셈이기는 하나 그러나 병원의 흥분은 지나쳐 처참하다. 중요한 것은 산부의 뒷소식인데 며칠 후에 들으니 참혹하게 세상을 떠났다는 것이다. 18세의 애잔한 소부(少婦)가 마을의 젊은이와 눈이 맞아 만주에까지 뛰었다가 다시 마을에 돌아와 살림을 시작했으나 마을 사람들의 눈에 나서 그가 위독할 때에 누구 한 사람 위문 오는 사람도 없고 수술을 시작할 때에는 물 끓여주는 사람조차 아쉬워서 곤란이었다는 것이다.
 말하는 B씨 낮에도 피곤의 빛이 없다고는 말할 수 없다. 쓸쓸하고 외로울 뿐만 아니라 비참한 이야기다.
 시골의 생활이 겨울나무 그림자같이 적적하고 외로운 것이기는 하나 나무 그림자의 푸르고 아름다운 점만은 이 산부의 이야기와 인연을 붙여서 말하고 싶지 않다.

소 설

 B씨에게서 나는 여러 차례나 만찬의 대접을 받고 어간유(魚肝油)의 선물을 받고 했으나 그가 거리의 내 집을 찾아오기 전에는 똑같은 형식으로 갚아줄 도리는 없다. 찻집에서 마시는 차가 아니라 집에서 손수 만든 차를 낼 수 있으며 손수 요리한 도미와 굴과 아이스크림을 대접할 수 있는 것이다. 비록 자가용 차는 없어도 영화 구경만은 부자유스럽지 않게 동행할 수 있는 것이다.
 그러나 이것도 그가 직접 나를 찾기 전에는 어쩌는 수 없는 것이며 옷가지나 과자 상자쯤을 소포로 보냈댔자 별반 신통한 것이 아닐 것이다. 차라리 그렇다면 소설책을 보냄이 더 뜻 있는 일이 아닐까 생각한다.
 B씨는 소설을 유난히 좋아한다. 난로전을 싸고 앉아 늦도록 이야기한 것도 말하자면 대부분이 소설 이야기와 문학 이야기였다. 광범한 그의 소설 지식에는 놀랄 만한 것이 있으며 신문 소설을 등한히 보는 나로서 부끄러울 때가 많다. 그 대신 나는 고전으로 그를 이기며 그의 지식에 그 무엇을 첨

가하여줌을 기뻐한다.

 소설책이라고 하여도 자신의 것은 초라하니 훌륭한 책, 가령 해외의 것이라면 맨스필드의 단편집쯤이 적당할 듯하다. 이와나미〔岩波〕판쯤으로는 체재가 너무도 빈약하니 좀 더 고가의 호화판이나 나오면 한 부 보내리라.

 그의 단편집은 확실히 B씨의 시골 살림에는 윤택과 위안을 줄 것이며 특히 《행복》 같은 걸작은 기어이 추천하고 싶은 일 편이다. 물론 그 내용보다도 예술적 향기를 그에게 띄워주고 싶은 것이다.

 남편 해리와 미스 펠튼, 아내 영과 에디 워렌의 두 쌍의 미묘한 관계를 나는 즐겨하지 않는다. 다만 해리와 영 부처의 행복스러운 가정적 윤곽, 집 뜰 앞에 선 한 포기의 만발한 배꽃으로 상징되는 아내의 행복감, 그것이 그들에게 들려주고 싶은 주제이다.

 배꽃이라는 것이 그렇게 아름다운 것임을 사실 나는 이 작품에서 처음 알았고 그것의 행복감의 상징이 이 작품에서같이 여실하게 울려온 적은 없다.

 "······저쪽 편 담으로 향해 한 포기의 밋밋한 배나무가 가지가지에 그뜩 꽃을 달고 있었다. 마치 구슬같이 푸른 하늘에 고요하고 화려하게 뻗치고 있다. 아직 피지 않은 봉오리가 한 개나 있을까. 시들어버린 송이가 한 송이나 있을까── 한창 깨끗하고 흐뭇하게 활짝 피어 있는 것이 멀리 서 있는 피어사에게 완연히 보여왔다──."

 "······그 나무는 고요하게 그러나 타는 촛불의 불꽃과도 같이 하늘에 뻗치고는 아름답게 떨리고 있다. 볼 동안에 자꾸만 높아져서 금시에 하늘 위 둥근 달에 채일 듯하다."

 봉실한 꽃송이가 바로 행복감 그것이다. 능금꽃과는 달라서 배꽃은 일률로 희다는 점에 작자가 특별히 배꽃을 든 비유와 암시가 있지 않은가 생각한다. 만발했을 때의 능금꽃이라는 것도 물론 아름다운 것이기는 하나, 지금까지에 능금꽃의 아름다움만이 눈에 뜨이고 배꽃의 미를 등한시했음은 무슨 까닭이었던가 의심한다.
 어떻든 나는 배꽃을 맨스필드의 단편에서 처음으로 발견한 셈이다. 하기는 맨스필드만이 아니라 이곳의 젊은 시인 중에도 배꽃을 노래한 사람은 이미 있으니 그의 시구가 나의 배꽃의 인상을 도와주었을 것도 사실이다.

    돌배꽃 필 때면 뻐꾸기 울고
    뻐꾸기 울면 하늘이 파랗나니
    배나무 그늘이 가슴에 푸르고
    연두색 잎새 햇볕에 손뼉치고
    우거진 가지마다 쫙 퍼진 가지마다 웃음 또 웃음…….

영 화
 수입 제한에서 오는 양화(洋畵)의 결핍으로 말미암아 요사이 거의 어느 상설관(常設館)에서나 한 번 상영했던 영화의 재상영을 번번이 본다. 아무튼 예술품이 아니고는 두 번 이상 감상하고 싶은 흥이 솟지 않는 것이나 영화의 감상은 짧은 시간을 요하는 것이라 한 번 기억에 남았던 일 편에는 식욕이 동하지 않는 바도 아니어서 두번째 보러 간다.

그러나 세상에 좋은 영화라는 것은 그다지 흔한 것이 아니다. 대개는 처음에 느꼈던 감흥이 반감되고 품고 있던 아름다운 환상까지 도리어 부서져 버리고마는 것이 통례다. 한 절 한 절의 커트의 구성에는 간혹 치밀한 수법과 자연스러운 연기가 보여 그 이상의 표현 방법은 없으리라고 감탄되는 대목도 있으나 전체로 흠이 보여오고 결함이 드러나게 되어 겨우 이 정도의 영화였던가 하고 환멸을 느끼게 된다.

감독과 연기자들이 인생을 여실히 그려내겠다고 땀을 뻘뻘 흘리며 눈물겨운 노력을 하나 나타나는 화면이──불과 몇 센티 평방의 셀룰로이드 딱지가 종시 말을 안 듣는 것이다.

연기의 부족으로 허덕거리는 장면을 대할 때는 꾸며 놓은 세트 장치 앞에서 상을 찡그린 감독이 메카폰으로 고함을 치며 삼군(三軍)이 아니라 삼문 배우들을 질타하는 목소리가 가엾게도 귀에 들려오는 듯하다. 그러나 문제는 배우뿐만이 아니다. 참으로 감독자 자신의 두뇌와 천분에 더 많이 달렸으니 그가 가장 옳다고 생각하고 연기자에게 가르쳐주는 표정과 동작이 과연 진실을 포착한 것이어서 만인을 똑같이 감동시켜줄 수 있는가 없는가──에 달려 있다.

슈탄벅이나 크렐이나 듀비베가 아무리 능청맞다고 하더라도 그들 역시 각각 한 개의 형이 있는 것이요, 결국 자기류(自己流)의 발휘에 지나지 못하는 것이다.

예술이란 개성의 조작이니 그것으로 족할지 모르나 문제는 그 자기류로써 어느 정도 리얼리티를 잡았고 보다 더 많은 사람을 감동시키는가 하는 것이다. 참으로 여간한 천재를 가지지 않고는 벌써 현대인의 눈을 속일 수는 없게 되었다.

한다 하는 천재도 까딱하다가는 일개 무명의 관객에게 뜨임을 받고 계발(啓發)을 입게 될는지 모른다. 거리의 구석구석에 할거(割據)하고 있는 군웅은 말할 것도 없고, 누가 그래도 가장 많은 사람을 속여왔을 것인가. 페데일까, 르누아르일까, 채플린일까. 〈제7천국〉을 보려니 성탄제 때의 아동 연극의 정도밖에는 못 되어서 흐느적거리는 남배우의 낯짝에다 정신이 번쩍 들게 물을 끼얹고 싶은 충동이 났다. 〈장군 새벽에 죽다〉도 두번째는 지리하고 〈유령 서로 가다〉는 장난과 꾀가 너무도 드러나 보였다. 〈미모사관〉, 〈춘희〉, 〈다드워스〉, 〈대지〉 등이 아무리 힘을 들였다고 해도 이 역시 두 번 본다면 같은 느낌을 받을 것이며, 비교적 솔직하게 감상할 수 있는 것은 〈마랴 샤프드레드〉, 〈야성의 부르짖음〉이었다.

제작들이 교묘한 꾀를 피웠다 하더라도 그것은 다작품의 품격에서 받는 감동 속에 숨어버려서 순진한 눈으로 끝까지 볼 수 있었던 것이다.

그러나 이 두 편도 영화보다는 원작인 소설 편이 한층 우수함은 웬일일까. 훌륭한 영화라고 하여도 그것이 소설의 풍미와 암시를 항상 덜어버리는 것은, 일단 시각화된 화면은 아무리 우수한 한 폭이라고 하여도 벌써 결정적 운명의 옷을 입고 나타나는 까닭에 소설이 주는 풍부한 환상을 옹색하게 한 까닭으로 규정해 버리고 이지러뜨리는 까닭이다.

그러기에 영화란 아주 잘된 영화가 영화이지 섣불리 되었을 때는 가장 졸렬한 소설보다도 더욱 졸렬한 운명에 놓이게 된다.

소설은 그래도 참을 수 있는 것이다. 영화난(映畵難)은 이 점에도 있다. 차라리 〈미완성 교향악〉이나 〈악성 베토벤〉을 허물없이 본 것은 음악의 덕이었고 〈모던 타임스〉에서 끝까지 진지한 흥미를 느낀 것은 풍자보다도 웃음의 덕이었다. (이 작품의 풍자란 너무도 진부하고 상식적이다. 채플린의 독창적인 교태와 거기서 솟아나오는 웃음이야말로 마땅한 듯하다)

섣불리 본격적으로 겨루다가 실패하는 편보다는 차라리 웃음과 음악으로 대독시키는 곳에 영화의 다른 길이 암시된다. 근대의 걸작은 〈아부일족〉이었고 앞으로 기대되는 것은 봐이에 주연의 〈마이아링크〉이다. 하기는 봐이에의 연기도 벌써 코에 냄새가 미칠 지경으로 되고 말았다.

대체 배우의 생명이 그다지 긴 것이 못 되어서 아무리 명우라고 해도 작품을 4, 5편 거듭하면 연기의 형이 결정되어 버린다. 아리 볼이나 폴 무니, 가르보나 다류가 아무리 차례 차례로 연기를 보인다고 하여도 신축 자재한 애교가 아니고 사람인 이상 어느 정도에 이르러 고정해 버림은 하는 수 없는 노릇이다. 데아나 다빈이 첫 작품에서 벌써 싫증이 남은 웬일일까.

가령 애수가 얼굴에 잔뜩 서리어 보기만 해도 눈물이 뚝뚝 떨어지는 특이한 종류의 배우는 나타나지 않는가. 국외자의 욕심이란 한량이 없는 것인 듯하다.

우 유

〈모던 타임스〉에서 채플린이 고다드와 가정생활을 공상하는 대목이 있다. 물론 집이 교외에 있는 탓도 있겠지만 바로 문 밖에서 열린 포도를 따 먹고 우유는 문간에 매어둔 소에게서 직접 짜 그 자리에서 마신다. 이 목가적 취미는 아마도 현대인의 누구나가 환상하는 것일 듯하다. 목가적 취미의 사치한 치장은 그만두고 거저라도 우유를 풍족히 먹고 싶다는 원부터가 우선 급하다.

나날의 곡량(穀糧)은 물론이거니와 시민마다 우유를 풍족히 마실 수 있다면 얼마나 행복된 사회일까. 만반 문제의 출처인 요점을 이렇게 간단히 말해 버린다면 어리석은 잠꼬대가 될지 모르나 여기에서 말하고자 하는 것은 어떻든 우유를 중요한 양식으로 삼고 그것을 때마다 흡족하게 마시는 습관과 처지에 있는 서방인이 확실히 우리보다는 행복하다는 것이다.

우리가 우유를 마시는 풍습은 물론 근래의 것, 적어도 피유리(彼留理)가 흑선으로 동방에 시항해온 이후에 속한다. 그 이전에는 그것을 대신할 만한 것이 없었던 것이 사실이며 그만큼 불행하였던 것도 사실이다.

어떤 극동인이 인도에 여행하였을 때에 간디는 인도의 서민층의 생활을 생각하고 두부 만드는 법을 물었다고 한다. 영웅으로서 오히려 이러한 세밀한 배려가 있음은 하찮은 식물 한 가지의 보통화가 족히 백성 전부에게 큰 복지를 가져오는 까닭이다. 백성 전체가 우유를 흡족하게 마시는 나라야말로 두말 할 것 없이 이상사회일 것이다.

학교 농장에서 아침 저녁으로 배달해 오던 우유를 흔하게 마실 때에는 아무 걱정 없던 것이 농장의 우유가 끊어진 이후로는 크게 공황을 느끼게 되었다. 질과 값으로 거리의 우유가 도저히 농장의 것을 감당할 수 없을 것이다.

아침에 일어나 현관문을 열면 그 어느 날이나 반기는 법 없이, 마치 산타클로스의 선물과도 같이 어김없이 듬직한 5홉들이 콜병이 유회색 문등 아래편 시멘트 바닥 위에 놓여 있었다. 로이드 영화에 나오는 커다란 그 병이다. 여름에는 담쟁이 이슬을 맞고 겨울에는 언 채로 오뚝 놓여 있는 그 풍모부터가 우선 상 줄 만하다. 물론 새벽에 갓 짠 생우유다.

냄비에 붓고 표면에 얇은 유막이 앉을 때까지 끓여서 식후에 숭늉을 대신으로 벌컥벌컥 들이켜는 것이다. 겨우 한 잔의 우유를 혀를 델까봐 고양이같이 홀짝홀짝 핥는 것과는 운치와 격이 다르다.

특히 겨울에 얼어서 살얼음이 잡힌 것을 끓여서 풋옥수수 삶은 냄새가 나는 눅진한 액체를 입 안에 그득 머금었을 때 우유의 진미는 그 한 모금에 있다.

해외를 돌아온 학자가 스위스에서 먹었다는 우유 자랑을 하나 농장에서 오는 우유가 결코 그에 밑지지 않을 듯하다. 한 홉에 실비로 삼 전, 한 콜에 십오 전, 하루에 두 콜이라도 삼십 전, 한 달에 서 말의 우유를 위 속에 부어도 구 원이면 족하다. 그것이 요사이 와서는 사정이 너무도 달라졌다. 농장이 없어진 까닭에 당장에 우유 기근을 만난 셈이다. 한 홉 칠 전의 거리의 우유를 하루에 한 되를 마시려면 한 달에 이십 원이 넘는다. 미곡과 신탄대(薪炭代)를 합한 액수보다도 많다.

 농장에 있던 배달부가 K목장으로 고용을 간 날로 구면이라고 즉시 주문을 맡으러 왔다. 하는 수 없이 하루 아침에 세 홉씩을 부탁해서 식구들과 나누게 되었으나 당초에 부족한 양일 뿐 아니라 아무래도 협작물이 든 것 같아서 농도가 엷고 맛이 덜하다.

 아침에 일어나 현관문을 열면 전과는 달리 아치형의 좁은 홍예문(虹蜺門) 아래 편 시멘트 바닥 위에 가느다란 한 홉 병이 세 개 조르르 늘어서 있는 것이 콜병의 위용과는 엄청나게 빈약하게 보인다. 겨울보다 체중이 반 관이나 준 것을 우유 부족의 탓으로 돌린대도 과장은 아닐 듯싶다.

 어떻든 농장의 우유는 생각할수록 행복스런 선물이었고 지금 우유는 그래도 나으나 더 못한 악질의 우유를 찾는다면 함경선 식당차에서 파는 바로 그것이다. 세상에 우유치고 이보다 더 못한 것을 구하려면 지옥으로 가야 할 수밖에 없을 것이다. 우유를 넉넉히 먹을 수 있는 세상이 지금에 있어서는 가장 원하는 세상이며 바라건대 거리의 복판마다 냉장의 우유 탱크를 세우고 오고 가는 시민에게 자유로 마시게 하거나 혹은 수도와 마찬가지로 지하에 우유를 묻고 각 가정에서 나사만 틀면 적량의 신선한 우유가 언제든지 졸졸 쏟아지게 하는 설비가 국가 경영으로서 하루바삐 생겨질 날을 공상——이 아니라 충심으로 원하는 바이다.

향 연

일각이 천금의 값이 간다는 봄날 저녁 거리의 향연에 감은 옛날 아가톤의 집 축하연에 모여 가는 기쁨보다 못할 것은 없다. 모이는 사람들이 반드시 그리스 시대의 철학자들일 필요는 없는 것이나 일단 가서 모여든 면면에 접하였을 때는 놀라지 않을 수 없었다. 팔십여 명의 소위 거리 지명의 사(士)를 망라한 대연이었으니 팔십여 명에서 겨우 팔십 분지 삼십사 명밖에는 구면이 없음이다.

육십 옹, 오십 객, 사십줄, 삼십대의 각 연대에 뻗쳤고 종교가, 교육가, 법률가, 도규가(刀圭家), 조고가(操觚家) 들이 쓸어왔으니 그리스 시대의 초대객보다는 확실히 색채인 셈이다. 물론 그들의 지혜가 아가톤의 집에 모였던 옛 사람들에게 미치는지 못 미치는지 그들에게 비겨 자라격에나 갈는지 못 갈는지는 별문제다. 그들에 의해서 반드시 거리가 운전된다고도 할 수 없으나 그들이 거리의 한 계열의 사회의 대변자들임은 사실이다. '지명 의사'라야 얼굴들이 별로 신통할 것은 없는 것이요, 어떻든 이것도 저것 같고 저것도 이것 같아서 아물아물 그 수가 퍽도 많은 것이다.

도회의원도 많거니와 의사도 퍽도 많다. 인사 받은 몇 사람을 구면의 분에게 조용히 물어볼 때,

"그 사람은 상당한 지식인이요", "그 사람은 그다지 좋지 못한 사람이오" 대답하고는 좌석을 군데군데 짚어서 설명한다. "저건 돈푼이나 있죠", "저건 고리대금업자요", "저건 술주정꾼이오……." 잡동사니다.

오월동주이기는 하나 잔치가 되었을 때에는 준연(蠢然)한

식욕으로 향해서 화기 준연하게 통일되었고 술이 돌았을 때에는 운명의 배멀미에 취한 듯 흐느적거리며 당 안이 낭자하였다. 십여 명의 명기가 틈틈에 끼여서 술시중뿐만 아니라 이야기 시중에 여념이 없다. 청초한 자태들이 점홍이 아니라 점백의 정취를 나타냈다. 사람은 항상 무슨 말들이 그렇게 많을까. 아가톤의 집 연회에서는 연애를 논의하고 사랑의 원리를 이야기하였다. 잔치마당에서는 그것이 가장 격에 맞는지도 모른다.

나도 이 날 밤의 한 구석의 회화를 비역해 본다. 연애론이 아니고 치정론이라면 결국 현대인은 그만큼 고대의 그리스인보다 타락했다는 증명뿐이요, 내 허물은 아닌 것이다.

"요새 까딱 안 오실 젠 신문사 일이 바쁘신 모양이죠."

"바빠서 안 가는 줄 아나?"

"그럼, 아직두 그걸 노여워하구 계시나요. 내 곡절을 얘기한다 하면서 못 했군요. 오늘밤에는 기어이 얘기해 드리죠."

"발명은 왜, 뻔히 아는 노릇을 이제 새삼스럽게 발명할 테야?"

"세상 소문이란 대개 사실과는 다르거든요. 말이란 양편 말 다 들어야지, 왼편 말만 가지고 아니요."

"암만 그래보지, 곧이 듣나."

"그 날 밤 같이 우리집까지 오셨던 건 아시죠. 얘기는 게서부터 시작되는데 선생이 가신 뒤 군이 자꾸 쉬구만 가겠다는군요. 손님 대접이라 하는 수 없이 이불을 펴주고 전 어머니 방에 가 잤죠. 그뿐이에요."

"그 군의 말과 다르거든."

"그건 그렇죠. 아침에 일어나 그 방에 갔을 때 노여노여하면서 내 겨드랑을 들추겠지요. 변태인가봐요. 보인 건 그뿐이에요."

"흥, 그걸루 설명이 다 됐다고 생각하나."

"그러믄요. 그 이상 아무것도 없는 걸 어떡해요. 그 뒤에 다시 시골서 왔을 땐 아침부터 허덕거리고 와선 보구 싶어 왔다는구면요. 문제는 그 날 밤인데 여기 저기 불리면서 늦도록 놀다가 좋은 사람과 같이 돌아가서 자리에 누웠죠……."

"요것 봐, 새롱새롱 말 막한다."

"이렇게 된 바에야 막히지 않고 어떡해요. 그래도 믿지 않으시면서. 대문 거는 걸 깜빡 잊었던 것이 불찰이었죠. 별안간 문소리와 발소리가 나더니 주추 앞에서 부르는 목소리가 바로 그이의 목소리겠지요. 벌써 자리에 누웠고 하는 수 있어야죠. 불을 탁 끄고 시침을 떼면서 몸이 고달프니 가라고만 졸랐죠. 들어줘야 말이죠. 이러쿵저러쿵 실랑이를 치던 끝에 결국 터지고 말았죠. 방 안의 군이 이불을 홱 차고 일어나더니 고래 같은 소리로 누구냐고 고함을 쳤던 거죠. 그 한 마디에 밖이 별안간 조용해지고 그뿐이었어요. 생각하면 미안도 하고 부끄럽기도 하고."

"천연스럽게 말하는 품이 영웅인가, 요물인가?"

"자, 이젠 오해 다 풀어주세요 …… 어쩌나 사람들이 벌써 어느새 이렇게 헤어졌네. 이길로 우리집에 가시지 않겠어요? 오래간만에……."

"……글쎄, 가볼까. 요것 봐, 웃긴 왜 웃어."

사내라는 게 다 만만하단 말인가. 나도 실상 사내면 서도 사내 맘 모르겠다.

동해의 여인(麗人)

　동해안의 그는 동해의 정기를 혼자만 타고 난 듯이 맑은 여인(麗人)이었다. 시절의 탓도 있었을까.
　북방의 이른 봄은 애잔하고 엷은 감촉을 준다. 그런 배경 속에 떠오르는 그도 역시 애잔하고 부드러운 느낌을 주었다. 심홍(深紅)의 저고리와 검은 치마의 조화가 할미꽃의 그윽한 색조와도 같았다. 그 빛깔을 받아 얼굴도 불그레한 반영을 띠었다. 그 모든 것이 독특한 아름다운 인상을 주었다. 눈망울의 초점이 명확은 하나 망연하다. 사물을 보는 눈이 아니요, 꿈을 보는 눈이다.
　그의 미는 맺힌 점의 미가 아니요, 흩어진 구름의 미다. 이미지라는 것이 있다면 그의 그런 것은 낭만이라고나 할까, 중세기의 재현. 사실 그는 드물게 보는, 몇 세기를 넘어서 볼 수 있는 희귀한 여인이었다. 중세기의 왕비인 대신에 현세기의 여인은 여교원이었다. 근심 없는 여교원이라는 것은 없을 것이니 여인의 무비의 홍안은 근심의 빛이었다. 가슴

속에 병마가 근실거리는 것이다. 가엾은 일이다.(이야기는 여기에서부터 시작되어야 할 것이다)

여인에게도 속사(俗事)가 많은 듯하다. 장성한 동생을 데리고 학교에 입학시키러 왔다가 미치지 못하는 재주로 낙망의 결과를 가지고 돌아갔다. 홍안이 더욱 근심에 흐렸을 것이 가엾다. 여인의 속루(俗累)만은 여인의 해결을 줌이 인류의 공덕일 것 같다. 그의 불여의를 마음 아프게 여겼다.

이야기 값에는 안 가나 이것은 구화(構話)가 아니고 실화이다. 실화란 항용 이야기 값에 못 가는 법이다. 그러나 여인의 구화를 애써 꾸미느니보다도 차라리 그와의 현실의 이야기를 가질 수 있으면 오직 다행하랴고 생각하였다. 그만큼 그는 반생 동안 기억 속에 적힌 중의 최상급의 여인이었다. 외람한 생각은 나의 죄가 아니다.

그의 성을 모름이 도리어 다행이다. '권(權)'이니 '피(皮)'이니를 들었을 때의 환멸을 생각함으로이다. 이름을 모름이 차라리 행복스럽다. '복금(福今)'이니 '봉이(鳳伊)'이니를 들었을 때의 비애를 즐기지 않음으로이다.

현실의 거리가 먼 그는 그러는 동안 일종의 꿈 속의 사람이 되고 말았다. 꿈 속에서 이모저모 빚는 마음, 역시 소설을 만들려는 마음 이외의 아무것도 아닌 듯싶다. 결국 여인은 소설의 대상인 것이다.

그의 소설은 슬퍼야 될 것 같다. 애잔한 홍안이 그것을 암시한다. 둘째로 여교원이 아니어야 할 것이다. 웬일인지 세상에 여교원같이 소설심(小說心)을 자극하지 못하는 산문적 존재는 없다.(소설 자체는 산문이나 그것을 빚는 정신은 시인 것이다) 셋째로 데설데설 웃지 말아야 할 것이다. 여인의 웃음은 향기와도 같이 미묘한 것이어서 벌리는 입의 각도가 조금 빗나가도 시심을 상하는 까닭이다. 넷째로 노래를 잊고 침묵해야 할 것이다. 서투른 노래란 마음의 은근성을 도리어 천박하게 하기 때문이다. 돌같이 침묵한 때 마음의 심연은 더욱더 심화되는 법이다. 다섯째로……

그러고 보니 꿈 속에서 자라는 동안에 마음의 여인은 자꾸만 이상화하여가는 것 같다. 인물의 성격이 유형화만 되지 않는다면 이것은 굳이 불행한 일은 아니다. 결국 여인의 운명은 비유하면 '마그리트'의 경우와도 흡사했으면 한다. 거기에 홍안의 여인의 완전한 표현이 있을 성싶다. 굳이 비운과 박명을 원함은 작가의 불행한 악마적 근성이라고나 할까.

잃어진 여주인공이 아니요, 얻어진 여주인공이며 소설되다 만 이야기가 아니고 소설되려는 이야기이다. 하기는 지금에 있어서는 결국 잃어진 여주인공이고 소설이 되다 만 이야기일지도 모른다.

6월에야 봄이 오는
북경성(北鏡城)의 춘정(春情)

　북위 42도라 한류(寒流)의 냉대에서는 봄은 3월부터가 아니라 6월부터 시작된다. 저능(低能)한 늦동이가 훨씬 자라서야 겨우 입을 열고 말을 던지듯이 철늦은 시절은 6월에 들어서야 비로소 입을 방긋이 열고 부드러운 정서를 표현한다.
　3월에는 오히려 눈이 오고 4월에는 물 오른 능금나무 가지가 물오리발같이 빨갛고 5월에는 잎새 없는 진달래꽃이 산을 불긋불긋 점찍고 6월에 들어서야 처음으로 들은 초록으로 덮이어 민들레, 오랑캐꽃, 꽃다지가 활짝 피고 능금나무와 앵두나무에 잎이 돋고 장다리꽃이 벌판에 노랗다.
　개울가에 버들피리 소리, 무르녹은 집 안 우물터에 물길러 오는 처녀들의 허리가 늠름히 길어 보인다. 온상에서 옮겨다 심은 뜰 앞 화초 포기에 물을 주다 모르는 결에 판자 밖 우물께로 눈이 간다. 안 보는 동안에 도리어 이쪽을 노리고 있던 그들은 시선이 마주치자 날쌔게 외면하면서 황겁결에 물 속에 드레를 던진다. 봄은 피차에 같은 심서를 일으키는 모양이다. 채 차지도 않은 물동이를 이고 급스럽게 가는 처녀들의 머리채는 길고, 벗은 다리는 오리발같이 빨갛다.

그러나 그렇게까지 서로 거북스럽고 면구스럽게 피차의 자태를 훔쳐보지 않아도 좋은 것은 단옷날이다.

이곳의 단오는 남쪽의 정초(正初), 추석 이상의 명절이니 장터에서 며칠을 두고 열리는 마을 운동회는 치장한 마을 사람들이 함빡 쏟아져나가 자전거 경쟁, 씨름, 궁술 등 갖가지의 경기에 한데 휩쓸려 흥과 재주를 쏟는다.

이때에는 적어도 눈에만은 풍년이 든다. 담담한 심사로 향기를 맡고 색채를 봄은 자유인 까닭이다. 의상은 다채하며 분장(扮裝)은 욱욱하다. 역시 꽃보다는 사람이 훨씬 아름다운 것이다.

그네 아래에 서서 줄을 솟구는 허공의 여인을 쳐다보기란 결코 겸연쩍은 짓이어서는 안 된다. 수천의 눈이 그를 노리고 있는 까닭에 줄 위의 동체는 생색이 나고 꽃답다. 발 아래의 수천의 눈을 의식하는 까닭에 치마폭은 한결 가볍고 나부끼는 몸은 승천할 듯이 자랑스럽다.

절색(絶色)이든 졸색(拙色)이든, 상에야 들든 말든 그네 위의 여인은 수천의 마음을 한꺼번에 잡아 쥔 공중의 여웅(女雄)이요, 여왕이다. 보고 보임은 그네〔鞦韆〕의 공덕(公德)이라고도 할까.

다만 한 가지 한됨은 속옷이 겹겹으로 너무도 복잡함이다. 그것은 도리어 미덕이 아니요, 숙례(淑禮)가 아니다. 봄날이 따뜻하거늘 짧은 잠방이 하나로 족하지 않은가. 수천의 마음을 피곤하게 하게. 불측한 생각일까. 그것은 봄인 까닭이다.

지새지 않는 안개

단오 무렵은 따뜻하고 개어야 하나 그때조차 안개 끼는 날이 많다. 아지랑이가 아롱아롱 걸리는 대신에 안개가 아물아물 끼는 것이다. 안개는 바다에서 흘러와 벌판을 거치고 성 모퉁이를 돌아 마을을 싸고 골짜기로 들어간다.

그것은 거의 무진장이어서 종일을 흐르고 며칠을 계속하여도 떨어지는 법이 없다. 이어이어 오는 것이다. 엷을 때에는 벌판을 바다같이 아득하게 보이게 하고 두꺼울 적에는 지척도 분간할 수 없게 만든다. 그럴 때에는 만물이 모두 모양과 자취를 감추고 잠시 생활을 끊어버린 듯이 누리는 고요하고 막막하다.

무의 세계는 그런 것이 아닐까. 지구는 가끔 창조 이전의 아득한 세상 속에서는 사람의 창해(蒼海)의 일속(一粟)과 같이 작고 하잘것없고 처음도 끝도 없는 한 개의 점과 같은 느낌이 난다. 당장 서 있는 주위와 절연된 그 지점은 반드시 마을의 복판이 아니라고 하여도 좋으니 서반구 위의 한 지점이라고 하여도 좋을 것이며 별 위의 한 지점이라도 좋은 것이요, 실로 임의로 자유로운 일 점인 것이다——짙은 안개 속을 걸을 때에는 그런 기괴한 착각이 들어 나침반을 잃은 선체와 같이 몸이 허전거린다.

북해를 건너고 동해를 넘어온 안개는 몹시 차다. 빙산과 한류를 스치고 오느라고 쌀쌀한 바다의 기운을 함빡 들이마신 까닭일까. 짙은 안개의 조각조각은 산들바람같이 소매 속에 스며들어 얼어붙는 북해의 상화(想華)를 강요한다. 자라던 만물은 잠시 봄을 잊어버리고 시절의 역행 속에 끌려들어가게 된다.
 꽃은 움츠러들고 잎은 찬 꿈 속에서 떤다. 백양나무 잎새에서는 기어이 눈물이 떨어지고야 만다.
 청명하게 개인 날에는 안개는 선명한 공백색으로 변하여 줄기줄기 흘러온다. 투명한 공기와 분명히 구별되어 신록의 벌판 위를 살금살금 걸어오는 양자는 푸른 하늘을 스치는 얄팍한 구름장과도 흡사하다.
 땅 위에 야트막하게 떠서 초목을 만지면서 움직이는 팔은 확실히 동물의 모양이다. 그 무슨 반가운 기별이라도 전하려는 듯이 쉬지 않고 어디론지도 모르게 살금살금 흘러간다.
 산 속으로 바다의 소식을 말하러 가는 것일까. 산호수 나붓거리고 미역 냄새 피어나고 조개 입 벌리고 고래 숨쉬기 시작한 동해의 꿈의 입김을 신록의 수목에게 전갈하러 가는 셈일까. 빈번한 이국의 사절같이 지새지 않는 안개는 봄내 나는 바다에서 벌판으로 산으로 흘러간다.

고원의 막새
 바다의 사절을 맞이하려는 듯이 고원의 막새는 조촐하게 파도친다.
 여발 몇백 척의 산복도 북방에서는 고원지대의 양기(陽氣)이니 고원의 봄을 제일 먼저 꾸미는 꽃은 막새인 듯싶다. 고사리싹이 애잔한 주먹을 민츳이 들었을 때 양지쪽 막새는 이미 넓은 잎새에 가는 줄기를 뽑아 흰 꽃망울을 초롱같이 조롱조롱 단다.

 산등에 일면으로 깔린 수천 수만의 망울을 요란히 울리는 대신에 높은 향기를 뿜어 사람을 끌고 봄을 자랑한다. 욱신한 향기로 막새를 지나는 꽃이 있을까.

 꺼졌다 이었다 숨었다 나타났다 하며 은연중에 강렬한 향기가 진동쳐 온다. 굵어졌다 가늘어졌다 기억의 실마리를 찰락찰락 채우며 그 향기는 확실히 그 무슨 그윽한 전설을 이야기하려는 듯하나 둔한 재치로는 그것을 번역해낼 수가 없다. 향기만으로는 애끓게 호소하는 가냘픈 자태가 애달픈 전설의 여주인공의 후신임을 다만 짐작할 수 있을 뿐이다.

 여학생들은 가고 오는 길에 벌판에 들러 꽃을 묶음 꺾어 책 속에 넣고 화병에 꽂고 꽃묶음을 만든다. 부드러운 손에 꺾이움이 막새로서는 원일까.

 책 속에 간직한 것은 해를 넘어도 여전히 향기롭고, 상자에 넣어 친구에게 선물로 보낸 것은 바다를 넘어서까지 향기를 전한다. 북방의 향기로는 막새가 으뜸일 것 같다.

 봄은 짧다. 막새가 질 무렵이면 벌써 벌판의 고사리가 활짝 피어 쇠어간다. 그때면 바다도 푸를 대로 푸르다.

여름 삼제(三題)

 고향을 잊은 지 오래다. 삼 년 살면 고향인 셈이니 사는 고향의 여름을 적음이 반드시 과제에 어그러지지 않으리라고 믿는다.

1. 일 번지의 감기(感起)

 일껏 뜰을 다스려놓고 집을 옮기니 일 번지이다. 양철지붕 회벽일망정 교회집같이 뾰족한 문턱, 지붕 꼭대기에 바람개비를 꽂은 것은 당을 세운 교부(教父)의 독창이리라. 향나무, 단풍나무, 장미 포기가 뜰 앞에 조촐하게 우거졌고 그늘 밑으로 딸기밭이 퍽 넓다. 능금밭 속을 버리고 딸기밭 속으로 온 셈이다.

 북쪽에서는 딸기는 봄의 것이 아니요, 여름의 것이다. 화단은 여름의 것이 아니요, 가을의 것이다. 화단 없는 여름 아침에 이슬에 젖은 잎새 틈에 불긋불긋 엿보이는 딸기는 신선한 색채다.

 교부의 식구들은 딸기를 먹고 찬송가를 불렀을까. 나는

딸기를 먹으며 가지가지의 궁리에 잠긴다. 다음에 오는 사람들은 딸기를 먹곤 무엇을 할까. 딸기에 매어달려 흘러가는 인생의 그림이 차례차례로 회벽에 때묻어 전설의 이끼가 낄 날을 생각한다.

도서관에 간직한 만 권의 책은 만 가지의 생활을 전해주어 그 뒤에 다시 생활이 덕지덕지 덮쳐 무한히 괴로울 것을 생각하면 무한선 위에 한 점을 점찍고 들러붙어 사는 일생이라는 것이 짧기 짝이 없다. 기록으로써 과거를 아는 우리는 미래가 심히 궁금하다. 우리의 흥미는 온전히 미래에 걸려 있을 뿐이다. 국경의 경계선이 어떻게 변하며 여자의 복색이 어떠며 연애관이 어떻게 빛나갈까.

이것을 맞춰 말하는 이 있다면 그는 얼마나 위대한 예언자일까. 나아가 미래를 의지대로 창조하는 이 있다면 그는 다시 얼마나 위대한 창조가일까. 우리가 참으로 원하는 바는 예언자가 아니라 이러한 창작가일 것이다.

이런 생각은 여름에는 무덥다. 나는 딸기를 먹으며 향나무 그늘에 앉으며 내 멋대로의 생각에 잠기면 그만이다. 그림 속의 인물을 생각하고 작품 속의 생활을 환시(幻視)하며 마음의 세계를 창조해 보면 족하다. 원컨대 이 그림, 작품, 마음 속의 인물들이 모두 뛰어나와 뜰에서 같이 놀 수 있다면 여름이 얼마나 즐거울까.

2. 바 다

자전거──자동차가 아니라──와 바다는 여름의 쾌미(快味)이다. 새 자전거는 새 구두와도 같이 마음에 든다. 모멸하던 자전거에서 미리(美理)를 발견하게 된 것은 하기는 생활 공리의 사연인지도 모른다. 마음에 드는 것을 세라면 책, 악기, 석유등, 파이프, 꽃, 자전거, 구두…….

자전거로 벌판을 달리면 바다까지 십오 분, 바다에서는 수평선 멀리 기선의 기적이 들린다. 뽀오오오──모양은 안 보이고 소리만이 아리송하다. 쌍안경을 대면 붉은 흘수선(吃水線)이 보이련만 그러는 것보다는 아지랑이 같은 소리만을 듣는 것이 자연스럽고 좋다. 뽀오──.

해수욕장은 반드시 색채의 진열장만이 아니다. 여인없는 해변은 화려하지는 못할망정 조촐하다.

바다를 그리는 화가 부처가 있다. 제전(帝展)을 목표로 하든 말든 살롱에 야심이 있든 말든 나의 알 바 아니지만 물에 헤엄치다 그림의 붓을 들었다 하며, 여름을 즐기는 그들의 양이 귀엽다. 해가 그늘면 어린 것과 캔버스를 수레 속에 싣고 아내가 밀면 남편은 큰아이를 어깨에 올려 목말을 태우고 긴 모랫벌을 나란히 걸어간다.

편편치 못한 말을 탄 아이는 아버지의 고수머리를 아파라 붙들고 아내의 맨발에 걸친 하이힐 속으론 모래가 솔솔 스며든다.

나는 이 풍경을 지극히 사랑한다. 바다를 생각할 때마다 먼저 머리 속에 떠오른다. 내가 화가라면 이 한 폭을 재료로 고를 것이다. 가난한 글로는 이밖에 못 전함을 슬퍼한다. 그렇다고 화가 자신은 거울 속에 그 풍경을 비춰보기 전에는 그 자화상이 얼마나 아름다운가를 짐작 못하리라.

3. 리어카를 탄 주부

맏아이를 초등학교에 보내는 주부도 노란 해수욕복을 입고 붉은 해수욕모를 쓰니 이십 안의 소녀로밖에 안 보인다. 주부는 다리를 모래 속에 묻으면서 눈초리를 가늘게 뜨고 걷는다. 허벅지, 팔다리, 기름덩이 같은 가슴을 나는 보아서는 안 된다. 수평선을 바라보며 맞장구를 치는 나의 몸초리는 새다리같이 가늘다.

아무리 용감하다 하여도 여자란 소극적이어서 먼저 나서는 법 없고 대수(對手)의 적극성을 기다릴 뿐이라는 주부의 연애관을 들은 일이 있는 나는 모래 속에 다리를 묻는 주부의 거동을 여자의 소극성으로 돌려 보내는 것이 정당하다.

영문 소설의 선택과 강독을 나에게 청하는 그요, 책을 빌려가곤 언제까지든지 돌려오지 않는 그다. 밤에 찾아와서는 진한 차를 마신 후에도 독한 노주(露酒)를 두 잔쯤은 늠실하며 기어이 남편의 분부가 있을 때까지 별일 없으면서 놀고 있음이 항용이다.

바다의 회화란 기억에 남지 않는 것 같다. 문학담을 즐겨하는 주부로도 모래밭의 화제는 산만하다.

주부는 자전거를 못 타니 오 리의 길도 멀다. 더구나 욕후의 피곤한 몸을 휘둘휘둘 저으며 두툼발이같이 걷기란 보기에도 우울한 꽃일 것이다.

주부의 독창에 나는 놀랐다. 가게의 머슴이 타는 리어카는 야채를 싣는 것이요, 과실을 나르는 것이요, 상품을 배달하는 것인 줄밖엔 모른 나의 지혜가 좁다면 좁을까. 궐녀는 그 자신의 제안으로 동행 소년의 리어카에 오르는 것이다.

다리를 드러내논 채 웅크리고 앉아 앞잡이를 쥐고 꽤 긴 길 동안 뭇 사람의 시선 속을 뚫고 조금도 거리낌없이 흔들리며 달아나는 꼴——나는 그의 독창에 놀라고 아울러 그의 용기에 탄복하였다. 방 안에서는 여자의 소극성을 말하였으나 벌판에서는 더없이 용감스러움을 나는 발견하였다.

나는 그의 노골적인 구애를 아직껏 듣지 않았음을 행복으로 여기고 앞으로는 몸을 든든히 무장해야 할 것을 느꼈다.

처녀 해변(處女海邊)의 결혼

  인천이나 송도원이나 주을 산협에도 이야기는 많으나 필연코 그 누가 쓸 법하기에 비교적 숨은, 그러나 친밀히 지내 온 독진(獨津) 해변 이야기를 씀이 적당하리라고 생각한다.
  독진 해변은 수삼 년 동안 나에게는 찾아간 피서지가 아니요, 제물의 제 고장의 피서지였다. 하필 여름 한 철뿐이리요. 봄 가을은 물론 겨울철에까지라도 쉽게 찾아갈 수 있었던 정든 곳——바다에 대한 모든 나의 감정과 생각은 실로 그곳에서 자라났다.
  번잡하고 화려하지는 못하다. 그 대신에 맑고 조촐한, 그러므로 더 값있는 순결한 처녀. 장개 고개 너머 아늑한 모래밭에는 제철이면 그래도 해수욕 패들이 물개의 떼같이 지천으로 와글와글 끓었으나 고개 이편 원수대로 뻗친 물역에는 물새가 내리고 해질 무렵이면 잘디잔 새우의 무리가 뛰어 올라올 뿐, 인간의 발자취 하나 없는 맑은 모래가 가깝게 오리 가량이나 터져 있다. 내가 즐겨 찾는 곳은 물론 그곳이었다.

 손수 만든 샌드위치(학교 농장에는 밤이 흔하였다)와 식지 않는 물통에 넣은 더운 커피는 날마다 먹어도 싫은 법 없다. 그것만 있으면 해변의 하루는 언제든지 즐거운 것이었다. 식욕을 돋구는 늑죽한 해초 냄새가 흘러오고 먼 바다에서 밀려왔을 미역 줄거리가 모래 위에 얹히고는 하였다. 포구의 발동선 소리가 심장의 장단을 맞춰주고 아리송하게 보이는 기선의 기적이 꿈을 빚어준다. 타고르와 같이 종이배를 만들어 그 속에 이름을 저어 지향 없는 곳에 띄워 보내고 싶은 생각도 났다.
 가장 중대하고 긴요한 점은 그곳에서 나는 다른 해수욕장에서와 같이 귀찮은 해수욕복을 입을 필요가 없었음이다. 몸에 실 한 파람 걸치지 않고 유유하고 자유롭게 모래 위를 거닐었다. 바닷물에 잠겼다 하면서 긴 날을 결코 무료하지 않게 지낼 수 있었던 것이다. 무료하지 않음은 나의 결혼에서 왔던 것이다. 나는 원시적 자태로 처녀 해변에서 날마다 결혼한 것이다. 태양과 바다와.
 태양은 전신을 빈틈 없이 쬐어주고 바다 또한 전신을 속속들이 안아준다. 태양과 결혼할 때에 나는 온순한 신부요, 바다와 결혼할 때에 나는 부락스러운 신랑이다. 하기는 이것은 당치 않은 폼인지는 모른다. 바다와 결혼할 때에도 나는 역시 한 사람의 연약한 신부에 지나지 못할 것 같으나 날마다 결혼하는 재미로 나는 그 처녀 해변을 무한히 사랑하였던 것이다.

주을(朱乙)의 지협(地峽)

 똑바로 쳐다보기 외람된 성모의 옷자락 같은 푸른 하늘에 물고기 비늘 모양으로 뿌려진 조각 구름의 떼——혹은 바닷가 모래밭에 널려진 조개 껍질을 그대로 거꾸로 비추어 낸 듯도 한 하늘 바다의 조각 구름의 떼——.
 세상에서 가장 아름다운 것을 찾을 때 서슴 아니하고 그것을 들 수 있는 그 아름다운 구름의 떼는——한 때라도 마음 속에서 잊어진 일 있던가. 고달픈 마음을 풍선같이 가볍게 하여주는 것은 그 구름이어늘 가벼운 바람에도 민첩하게 파르르 나부끼는 사시나무의 수풀——밤하늘에 떨리는 별의 무리보다도 지천으로 흩어져 골짜기 여울물같이 쉴 새 없이 노래하는 자연의 악보 속에서 가장 귀여운 곡목만을 골라낸 그 조촐한 나뭇잎——그의 아름다운 음악이 잠시라도 마음속을 떠난적 있던가.
 피곤한 마음을 채워주는 것은 그 음악인 것을.
 살결보다도 희고 백지보다도 근심 없는 자작나무의 몸

결──밝은 이지를 가지면서도 결코 불안을 주지 않는 맑고
높은 외로운 성격──그렇기 때문에 벌판과 야산에 사는 법
없이 심산과 지협에만 돋아나는 고결한 자작나무의 모양이
그 어느 때 마음의 눈앞에서 사라진 적 있던가.

때묻은 지혜와 걱정을 잊게 하여주는 그 신령들이.

지친 마음에 내 늘 생각하고 바라는 것은 그리운 지협의
조각 구름과 사시나무와 자작나무. 산문에 시달려 노래를
잊은 마음을 비춰주는 것은 그 거룩한 풍물이다. 쇠잔한 건
강에 어간유(魚肝油)를 마시다가도 문득 코를 스치는 물고
기 냄새에 풀려나오는 생각은 개울과 나무와 지협의 그림이
다.

마음을 살릴 것은 거리도 아니요, 도서관도 아니요, 호텔
도 아니요, 일등 선실도 아니요, 다만 지협의 어간유──개
울과 구름과 나무와── 그것을 생각할 때만 나의 마음은 뛰
고 빛난다. 구름을 꿈꾸고 나뭇잎 노래를 들을 때만 마음은
날개를 펴고 한결같이 훨훨 날아난다.

─《숭실(崇實)》소재 졸시(拙詩)《지협(地峽)》에서 ─

지난해 한여름을 거리에서 지나면서 피서 못 간 한을 한
편의 시《지협(地峽)》으로 때웠다. 협의 풍경을 말하고 사모
할 때에 나는 항상 주을(朱乙) 지협의 그것을 마음 속에 떠
올린다. 시의 성불성(成不成)은 모르나 상념만은 간절한 것
이며, 그렇듯 그곳의 풍물은 마음을 끈다.

피서지 찬(避暑地讚)을 쓰려 할 때 또한 먼저 떠오르는 곳
이 그곳이다.

바다로 말하더라도 송수원이 훌륭하고 송도가 기승이요, 용현(龍峴)이 맑고, 같은 동해안의 그다지 이름은 나지 못하였으나 독진(獨津) 해변이 조출하다. 해변은 활달하여서 시원스럽기는 하나 바닷물이 산협의 개울물만큼 깨끗할 수는 없는 것이며 주위로 말하더라도 넓고 헤벌어진 바다보다는 아늑하고 감감한 산 속이 고이고이 신비를 감추어서 잔맛이 한층 더 있기는 하다.

그러나 산과 바다를 한꺼번에 코앞에 드리울 때에는 똑같은 진미를 대하는 것과도 같이 취사 선택을 대뜸에 선뜻 결정할 수는 없다. 그렇다고 과도의 욕심을 차릴 수도 없는 까닭에 역시 한 가지를 취할 수밖에 없으나 주을을 취함에는 반면에 이러한 아까운 제여(除餘)의 분이 희생을 당하는 셈이 된다.

주을을 말할 때에 그 문귀의 가네다(金田) 지구는 그다지 흠욕(欽欲)의 곳은 못 된다. 비록 유원지가 되어서 못 속의 양어의 떼가 탐스럽고 풀에서는 헤엄을 칠 수 있고 배를 저을 수 있고 한편 사욕(砂浴)의 설비까지 있기는 하나 전체적으로 지협이 바라지고 협착한 데다가 제반 시설이 날림이어서 그윽하고 유순한 맛이 없어 스스로 주을 지협에 비할 바 못 된다.

사시나무와 자작나무와 개울이 있는 것은 하필 주을의 오지(奧地)만은 아니겠으나 그곳의 것같이 그윽하면서도 현대적 감각을 갖춘 곳은 드물다. 한 포기의 사시나무가 섰으면 그 아래에 대개 흰 모래가 깔려서 다만 그 한 포기의 수목으로서 초초하고 깨끗함이 비길 바 없다. 사시나무는 그 잎이 돈쪽만큼씩 잘고 둥글고 흔하여서 아무런 미풍에도 민감하게 파르르르 나부껴 한 가지의 요동이 족히 만종의 청량미를 자아낸다. 당초부터 노래하려고 태어난 수목 중의 악인(惡人)이 사시나무이다. 깨끗하게 정돈된 별장의 뜰에 섰을 때에만 아름다운 것이 아니다.

그 어느 임의의 곳에 설 때에도 한 포기의 사시나무는 참으로 복잡하고 다채한 변화를 보인다. 산 속에는 갈피갈피에 그 무엇이 숨어 있어서 골짜기로 들어가면 새 꽃이 발견되고 둔덕을 넘으면 또 다른 나무가 눈에 띠며 뒤를 이어 변화의 미가 온다.

그런 속에서 군데군데 사시나무나 자작나무의 포기포기를 찾아내기란 우거진 다래넝쿨이나 한 떨기의 싸리꽃을 찾아낸 때와 함께 마치 숨은 술래라도 찾아낸 듯이 마음 뛰노는 노릇이다. 좁은 지름길 사이에 피서 중의 외국 여자의 화려한 옷맵시가 보이지 않는다고 하여도 좋은 것이며, 우거진 활엽수 사이에 산장의 붉은 지붕이 엿보이지 않아도 무관한 것이다. 모든 인위적인 것과 떠나서 산 속의 경물은 그 자체가 충분히 아름답다.

개울가로 내려가면 청명한 산골 물이 바위와 굽이를 따라 푸른 웅덩이를 이루었다 급한 여울이 되었다 하면서 굽이쳐 흐른다. 폭포가 되어 소를 이룬 굽이에서는 물연기가 서리고 이슬이 띈다. 그 기슭에 도라지 꽃이나 새발 고사리가 피어 있어서 이슬을 맞고 흔들림을 볼 때 시원한 맛, 이에 지남이 없다.

사람의 그림자가 뜸할 때 노루나 사슴의 떼가 내려서 가만히 물을 마시는 곳은 아마도 그런 곳일까 한다. 그런 개울가 산식당(山食堂)에서 보낸 몇 시간을 나는 잊을 수가 없다. 창 밖에는 안개가 서리었고 요란한 물소리에 방구석에 꽂은 새풀의 이삭이 흔들흔들 떨렸다. 푸른 그림자 속에 사무친 방 안은 마치 몇 세기를 묵은 지하실 같고, 벽에 걸린 인물들의 초상들도 묵은 세기의 것인 듯한 웅장하고 낡은 맛이 있었다. 그런 곳을 내놓고 어떤 곳에서 선경을 구할 수 있을까.

지협의 소요(消遙)에 지쳤을 때 오 리 길만 걸으면 다시 거리에 내려와 여관 온천물에 잠길 수 있다. 지협의 지지(地誌)는 안내기의 알 바 아니라도 온천가의 기록은 자세할 것이니 여관의 선택쯤은 수고로울 것 없다.

피서 때에도 온욕(溫浴)은 필요한 것이니 주을 온수의 쾌미(快味)는 또한 각별한 것이 있다. 넓은 욕전(浴殿)에서 홀로 몸을 쉬면서 개울로 향한 창으로 바로 창 밖 느티나무와 개울과 건너편 산허리를 바라보노라면 하루의 피곤도 자취 없이 사라진다. 만찬의 식탁에 산고기〔山肉〕와 산차(山茶)의 진미가 놓임을 잊어서는 안 되고, 방 안 화롯전에는 언제든지 라듐 과자와 진한 녹차(綠茶)의 준비가 있음이 또한 반가운 일이요. 두툼한 다다미와 이불의 잠자리의 맛 또한 온천가 독특의 것이다.

고요하고 적막하고 사색적인 점에 요란한 해수욕장과는 스스로 다른 맛을 가진 곳이 주을의 온천이요, 지협이다.

지협의 어간유── 개울과 구름과 나무와── 그리운 소원의 것이다.

류경식보(柳京食譜)

평양에 온 지 사 년이 되나 자별스럽게 기억에 남는 음식을 아직 발견하지 못했습니다.

생활의 절반 규모에 그 무슨 전통의 아름다움이 있으려니 해서 몹시 눈을 살피나 종시 그런 것이 찾아지지 않습니다. 거처하는 집의 격식이나 옷맵시나 음식 범절에 도시 그윽한 맛이 적은 듯합니다. 이것은 평양 사람 자신도 인정하는 바로 언제인가 평양의 자랑을 말하는 좌담회에 출석했을 때 들어보아도 그들에게서 이렇다 하는 음식을 못 들었습니다. 가령 서울과 비교하면——감히 비교할 바 못 되겠지만——진진하고 아기자기한 맛이 적고 대체로 거칠고 담하고 뻔뻔스럽습니다.

잔칫집 음식도 먹어보고 요정에도 올라보았으나 다 일반입니다. 요정에 올라서 평양의 진미를 구하려 함은 당초에 그른 일이어서 평양의 진미는커녕 식탁에 오르는 것은 조선 음식이 아니고 정체 모를 내외 범벅의 당치 않은 것들뿐입니다.

그리고 음식상이라기보다는 대개가 술상의 격식입니다. 술을 먹으러 갈 데지 음식을 가지가지 맛보러 갈데는 아닙니다. 차라리 요정보다는 거리의 국숫집이 그래도 평양의 음식을 자랑하고 있는 성싶습니다.

평양 냉면은 유명한 것으로 치는 듯하나 서울 냉면 만큼 색깔이 희지 못합니다. 하기는 냉면의 맛은 반드시 색깔로 가는 것은 아니어서 관북(關北) 지방에서 먹은 것은 빛은 가장 검고 칙칙했으나 맛은 서울이나 평양 그 어느 곳보다도 나았습니다.

그러나 평양 온 후로는 까딱 냉면을 끊어버린 까닭에 평양 냉면의 진미를 아직 모르고 있습니다. 그렇다고 다시 시작해볼 욕심도, 용기도 나지는 않습니다. 냉면보다는 되려 온면을 즐겨해서 이것은 꽤 맛을 들여놓았습니다.

그러나 이것도 장국보다는 맛이 윗길이면서도 어복 장국보다는 한결 떨어집니다. 잔잔하고 고소한 맛이 없고 그저 담담합니다. 이것이 평양 음식 전반의 특징입니다만 육수 그릇을 대하면 그 멀겋고 멋없는 꼴에 처음에는 구역이 납니다. 익숙해지면 차차 나아가나 설렁탕이 이보다 윗길일 것은 사실입니다.

친한 벗이 있어 추석이 되면 노티를 가져다줍니다. 일종의 전병으로 수수나 쌀로 달게 지진 것입니다. 너무 단 까닭에 과식을 할 수 없는 것이 노티의 덕이라면 덕일 듯합니다. 나는 이 노티보다는 차라리 같은 벗의 집에서 먹은 만두를 훨씬 훌륭한 것으로 생각합니다. 호만두보다도 그 어떤 만두보다도 나았습니다. 평양의 자랑은 국수가 아니고 만두여야 할 것 같습니다.

　친구라면 또 한 친구는 이른 봄에 여러 차례나 손수 간장 병과 떡주발과 김치 그릇을 날라다 주었는데 이 김치의 맛이 일미여서 어느 때나 구미가 돌지 않을 때에는 번번이 생각납니다. 봄이언만 까딱 변하지 않는 김치의 맛, 시원한 그 맛은 재찬삼미(再讚三昧)해도 오히려 부족합니다.

　대체로 평양의 김치는 두 가지 격식이 있는 듯해서 고추 양념을 진하게 하는 것과 엷게 하는 것이 있습니다. 거의 소금만으로 절여서 동치미같이 희고 깨끗하고 시원한 것, 이것이 그 일미의 김치인데 한 해 겨울 그 친구와 몇 사람의 친구와 함께 휩쓸려 늦도록 타령을 하다가 곤드레만드레 취한 김에 밤늦게 그 친구의 집으로 습격을 가서 처음 맛본 것이 바로 그 김치였던 것입니다. 단 두 칸밖에 안 되는 방에 각각 부인과 일가 아이들이 누워 있었던 까닭에 친구는 방으로는 인도하지 못하고 대문 옆 노대에 벌벌 떠는 우리들을 앉히고 부인을 깨워 일으키더니 대접한다는 것이 찬 김치에 만 밥, 소위 짠지밥(김치와 짠지는 다른 것임을 평양에서는 일률로 짠지라고 일컫습니다)이었습니다. 겨울에 되려 아이스크림을 먹는다더니 찬 하늘 아래에서 벌벌 떨면서 먹은 김치의 맛은 취중의 행사였다고 해도 잊을 수 없는 것입니다.

　북쪽일수록 음식에 고추를 덜 쓰는 모양인데 이곳에서 김치를 이렇게 싱겁게 담그는 격식은 관북 지방의 풍속과도 일맥 통하는 것이 있습니다. 요새 의학 박사 양반이 고춧가루의 해독을 자꾸만 일러주는 판인데 앞으로의 김치는 그 방법에 일대 개혁을 베풀어 이 평양의 식을 따면 어떨까 합니다.

나는 가정의 주부들에게 이것을 적극적으로 권하고 싶습니다. 단지 의학 박사가 아닌 까닭에 잠자코 있을 뿐입니다.

잔칫집에서 가져오는 약과와 과줄은 요릿집 식탁에 오르는 메추라기알이나 갈매기알과 함께 멋 없고 속 없는 것입니다. 약과는 굳고 과줄은 검습니다. 다식이니 정과니 하는 유는 찾을래야 찾을 수 없습니다. 없는 모양입니다.

중요한 음식의 하나가 야키니쿠인데 고기를 즐기는 평양 사람의 기질을 그대로 반영시킨 음식인 듯합니다. 요리법으로 가장 단순하고 따라서 맛도 담박합니다. 스키야키같이 연하지도 않거니와 갈비같이 고소하지도 않습니다. 소담한 까닭에 몇 근이고 간에 양을 사양하지 않는답니다. 평양 사람은 대개 골격이 굵고 체질이 강장하고 부한 편이 많은데 행여나 야키니쿠의 덕이 아닌가 혼자 생각에 추측하고 있습니다. 다만 야키니쿠라는 이름이 초라하고 속되어서 늘 마음에 걸립니다. 적당한 명사로 고쳐서 보편화시키는 것이 이 고장 사람의 의무가 아닐까 합니다. 말이란 순수할수록 좋은 것이지 뒤섞고 범벅하고 옮겨온 것이 상스럽고 혼란한 느낌을 줄 뿐입니다.

마지막으로 어죽을 듭니다. 물고기 죽이란 말이나 실상은 물고기보다도 닭고기가 주장이 되는 듯합니다. 닭과 물고기로 쑨 흰 죽을 고추장에 버무려 먹습니다. 여름 한철의 진미로서 아마도 천렵의 풍습의 유물로 끼쳐진 것인 모양입니다. 제철에 들어가 강놀이가 시작되면 반월도(半月島)를 중심으로 섬과 배 위에 어죽놀이의 패가 군데군데에 벌어집니다. 물 속에서 철벅거리다가 나와 피곤한 판에 먹는 죽의 맛이란 결코 소홀히 볼 것이 아닙니다. 동해안 바닷가에서 홍합 죽이라는 것을 먹은 적이 있는데 그 조개로 쑨 죽과는 맛이 흡사한 데다가 양편 다 피곤한 기회를 가린 것이라 구미 적은 여름의 음식으로 이 죽들은 확실히 공이 큰 듯합니다.

두 처녀상

월광(月光)은 불후의 고전이다. 잊었다가도 문득 우러러 보고 그 아름다움에 새삼스럽게 탄복하는 것이다. 달밤의 화단은 그 운치가 또한 각별하니 달빛을 입은 화초의 색채는 현실 이상의 것이다.

그러나 아름다운 자연도 인물의 반려 없이는 거의 무의미한 것 같다. 하염없이 거닐다가 방에 들어온 후 등불을 끄고 창에 비치는 월광의 위치를 따라 달빛을 얼굴 위에 담뿍 받도록 잠자리를 이 구석 저 구석으로 끌면서 생각에 잠겼다. M과 K 두 처녀의 뒷일이 한결같이 생각나는 것이다. 달빛을 배경으로 한 그들의 자태가 기억 속에 있는 까닭인지 마치 악보와 노래같이 월광과 그들의 자태는 기억 속에서 밀접히 관련되는 것이다.

병욕(病褥)에 눕게 된 것을 기연(機緣)으로 답장을 게을리하고 있는 동안에 M과도 K와도 편지가 끊겨 버렸다. 다시 편지를 쓸 정회도 없으므로 책상 서랍 안에는 다만 그들에게서 온 옛 편지의 묶음이 여름을 지난 해변의 조개껍질과도 같이 버려져 있을 뿐이다. 그 속에서 늘 신선한 것은 지난 가을에 두 사람에게서 공교롭게도 같이 보내온 두 장의 사진이다. 삭막한 속에서 이것이 그들을 생각하는 추억의 실마리가 되는 것이다.

M──마미코──의 것은 중형의 전신상(全身像)이다. 뒤에는 '십구의 봄에 박힘'이라고 적혀 있다. 지난 해는 그의 열아홉 때였다. 그는 편지마다 액년인 십구의 탄식과 격정을 나에게 피력한 것이었다. 열아홉의 처녀──처녀로서 마지막 계단까지 발육할 대로 발육한 육체가 화면을 무겁게 압박하였다. 짧게 베어서 목 앞으로 넘긴 벽실벽실한 머리, 삐뚜름하게 얹은 베레모, 기름한 투피스, 어색한 하이힐의 구두, 그 위에 한편 손으로 자연스럽게 허리 위를 고인 날씬한 양자. 그것까지가 처녀와 여자와의 마지막 경계선에 선 성숙한 신선미를 암시한다. 가뜬하게 조인 허리 위로 젖가슴이 둥글게 휘어나왔고 옷섶을 조인 조그만 단추가 가뜬하게 긴장된 그의 젖꼭지의 위치를 방불케 한다. 발 밑에는 화분이 여럿 놓여 있으니 처녀상의 배경으로는 가장 적당한 것 같다.

십구의 액기(厄氣)를 앞둔 풍만한 처녀상을 나는 줄타는 광대를 보는 것과도 같은 일종의 괴롬과 아기자기한 위험감을 가지고 시름없이 들여다보는 것이었다. 필연코 무엇이 있으려니 짐작하고 있으려니까 지난 가을에는 터놓고 의사에 없는 연담에 걸려 궁경에 빠져 있음을 호소하여 왔다. 완고한 골육, 무지한 주위를 비난한 후 다시 도회로라도 나갔으면 하는 은근한 뜻을 비추어온 것이었다.

해를 넘었으니 지금엔 그도 이십이라 일신이 어떻게 낙착되고 감정이 어떻게 정리되었는지 해를 넘은 가을 달밤에 몹시도 궁금하다. 처녀의 마음이란 파도같이 쉴 새 없이 스멀거리다가도 커다란 현실에 눌리면 신기하게 양과 같이도 그 경우에 순응하여 여리게 주저 앉는 것이라고 생각하는 것은 나의 감상일까.

또 한 장의 사진 K── 김── 의 소형 반신상. 가는 손가락으로 턱을 가볍게 고인 측안(側顔)의 클로즈업이 모나리자의 미소를 띠고 있다. 바른편 볼에 일부러 찍은 듯한 뷰티 스폿, 영화배우같이 옆 볼에 길게 드리운 머리카락, 사치한 팔시계, 영자(英子)의 서명── 이런 것이 웬일인지 처녀의 한계를 넘어 일종의 무르녹은 교태의 인상을 준다. 무엇보다도 그 미소, 놀랄 만큼 표정이 능란한 것이다. 사진 뒤에 '삼월 팔일 서울에서 만 십팔 세의 ×'이라고 적혔으니 그 역시 M의 경우와 같이 그때가 열아홉의 봄인 것이다.

그 지난 봄 그는 편지로 동요하는 심사를 말하며 출분(出奔)의 의욕을 암시하였다. 내신(來信)은 잠깐 중단되었다가 계절을 지난 늦은 가을 돌연히 편지가 있어 그새 도쿄〔東京〕에 갔다 왔다는 것을 간단히 고백하고 마음은 여전히 적막하다는 것을 덧붙여 길게 하소연하였다. 나는 그의 도쿄행의 용단에 놀라는 한편 의아한 마음을 금할 수 없었다. '누가 그를 도쿄까지 꼬여가지고 갔었을꼬' 그의 평소의 소원이 성악 공부였다. 그러나 나는 그의 불여의한 경제 형편과 그의 뭇사정의 난관을 잘 알고 있는 것이다.

겨울을 지나 이른 봄까지도 편지가 잦았다. 편지마다 나의 무신(無信)을 책하여 왔다. 와병(臥病) 이후 너무도 무심하게 지내는 동안에 그도 지쳤는지 문득 편지가 끊어져 버린 채 지금에 이른 것이다. 그도 올해는 십구의 난관을 지난 이십의 연대에 들었으니 일신이 어지간히 침착되고 생애의 운명이 결정되었으려니도 추측은 되나 그러나 또 아직도 미정의 운명의 파도에 휩쓸려 미지수의 길을 암중에서 모색하고 있을는지도 모른다.

그러나 이제 새삼스럽게 붓을 갈아들고 그의 현재의 소식을 물을 용기도 나에게는 없는 것이다. 달밤을 기회삼아 창으로 새어드는 월광에 젖어가면서 그를 생각하는 정회에 잠길 뿐이다. 생각하면 나는 M이나 K와 공교롭게도 십구의 액년까지를 일기로 멀리 마음의 교섭을 가진 셈이었다. 앞으로 그들이 어떠한 인생의 길을 밟아 나갈는지 그것을 관찰함이 나의 흥미일 뿐더러 의무의 일부분일는지도 모른다.

그들의 처녀상을 오래도록 보장하여둠도 멋쩍은 일일 것이다. 그것을 찢어버리거나 태워버려야 할 운명에 있는 나로서 한때의 그들과의 기억을 살려두려는 '스베닐'의 한 조각으로 이 일 문으로 초하여두는 터이다. 그들의 다음 보고의 글을 쓰게 될 날을 기다린다.

가을날이 맑다. 오는 달의 십오야는 얼마나 아름다울 것인가.

영서(嶺西)의 기억

 작은 글에 서문의 구절조차 붙임이 객쩍은 것 같으나 나는 무엇보다도 먼저 나의 고향이 어디인가를 규정하여 보아야겠기에 이 번거로운 짓을 굳이 하려 한다.
 고향에 관한 시절의 부탁의 글을 받았을 때마다 나는 언제든지 잠시 동안은 어느 이야기를 썼으면 좋을까를 생각하고 망설이고 주저한다. 나의 반생을 푸근히 싸주고 생각과 감정을 그 고장의 독특한 성격에 맞도록 눅진히 길러준 고향이 없기 때문이다. 현대인에게는 고향의 관념이 대개는 희박하고 찾아야 할 진정한 고향을 잃어버리기는 하였다. 세계주의의 세례를 받은 까닭도 있거니와 고향이 모두 너무나도 초라한 까닭이다.
 그러나 나에게 있어서는 그런 위에 더욱 고향의 확적한 지리적 구역과 친척조차 없는 것이다. 나는 자주 관북(關北)의 경성(鏡城)과 부근 이야기를 지금까지 썼으나 살고 있는 당시의 일종의 고향의 느낌을 그곳에서 발견하였기 때문일

뿐이다.

 고향이라고 해야 할 곳은 강원도 영서(嶺西) 지방이나 네 살 때에 일가는 서울에 옮겨가 살았고 일단 내려가 보통학교 시절을 마치고는 나는 다시 서울에서 지금까지의 거의 전부의 반생을 지내게 되었다. 그 동안의 지리적 변동이라고는 몇 해 동안 경성에 있던 일과 지금 평양에 살고 있는 일뿐이다. 잔뼈가 이토록 굵어진 것은 서울에서이나 서울에—사람은 푸근한 고향의 느낌을 품을 수 있던가. 굳이 기억 속을 들추어 너덧 살 때의 아름다운 부분을 찾아낼 수는 있다.

 저녁 무렵이면 해가 노랗게 쪼이는 넓은 거리 위에 원각사(圓覺社)의 날라리 소리가 이국적 정서(웬일인지)를 짜내었고 대문 밖 돌담 앞을 인력거가 쉴 새 없이 지나갔고 한강의 푸른 물을 귀융배로 건넜고 예배당에서 찬송가 소리에 울었고…… 모든 것이 전설과 같이도 멀고 아름답기 때문에 이 먼 옛일에 그리운 고향의 감정을 느낄 수 있기는 하다. 철들어 십여 년을 학교 마당에서 지낼 때에는 드디어 고향의 느낌은 없어져 버렸다.

 나는 시골로 돌아가 영서에 내려가볼 때 거기에 또한 뿌리깊은 친척은 없는 것이라 여남은 살까지의 들에 뛰놀던 시절과 보통학교 시절과 철든 후 서울서 가끔 내려가 한철씩 지낸 때의 일과—이것이 영서에서 보낸 생활의 전부이다. 녹진하고 친밀한 회포가 뼈 속까지 푹 젖어들 여가가 없었던 것이다. 고향의 전경이 일상 때 마음에 떠오른 법 없고 고향 생각이 자별스럽게 마음을 숙여준 적도 드물었다. 그러므로 고향 없는 이방인 같은 느낌이 때때로 서글프게 뼈를 에이는 적이 있었다.

우연히 백석 시집(白石詩集) 《사슴》을 읽은 것은 다행이라고 생각한다. 잃었던 고향을 찾아낸 듯한 느낌을 불현듯 느끼기 때문이다. 시집에 나오는 모든 소재와 정서가 그대로 바로 영서의 것이며, 물론 동시에 이 땅 전부의 것일 것이다. 나는 고향을 찾는 느낌에 기쁘고 반가운 마음에 뛰놀았다.

워즈워스가 어릴 때의 자연과의 교섭을 알뜰히 추억해낸 것과도 같이 나는 얼마든지 어린 때의 기억을 들어낼 수 있게 되었다. 고향의 모양은 —— 그것을 옳게 찾지 못했을 뿐이지—— 늘 굵게 피 속에 맺히고 있었던 것을 느끼게 되었다.

《사슴》은 나의 고향의 그림일 뿐 아니라 참으로 이 땅의 고향의 일면이다. 소재 나열의 감(感)쯤은 덮어놓을 수 있는 것이며 그곳에는 귀하고 아름다운 조선의 목가적 표현이 있다. 면목 없는 이 시인은 고향의 소재를 더욱더욱 들춰 아름다운 《사슴》의 노래를 얼마든지 더 계속하고 나아가 발전시켜주었으면 한다.

《가랑람집》, 《여우난 곬 족》, 《모닥불》, 《주막》—— 모두 명음(名吟)이니 이 노래들의 〈바른 방향〉과 〈진정한 발전〉 위에 우리가 말하려는 모든 고향의 이야기는 포함되리라고 생각한다.

태백산맥은 같은 도를 길이로 갈라 산맥의 동과 서는 생활과 풍속과 성벽이 심히 다르다. 대관령의 동편 영동 사람들이 영서를 부러워할 때가 있듯이 영서 사람들은 영동을 그리워할 때가 있다. 동쪽이란 늘 그리운 곳인 것 같으나 영동은 해물과 감(柿)의 고장이므로 그리워하는 것이나 대신에 영서는 산과 들과 수풀과 시내의 고장이요, 자연은 더한층 풍성하다. 영동에서는 달이 바다에서 뜨나 영서는 달이 영(嶺)에서 뜨므로 그 조화는 한층 복잡하다.

영서의 기억이라고 하여도 나에게는 읍내의 기억이 있고, 마을의 기억도 있고, 산골의 기억도 있으나 가을 기억으로는 산과(山果)와 청밀(淸蜜)과 곡식과 농산물 품평회의 기억이 가장 또렷하다.

산골 약수터로 가는 사람도 뜸해지고 늦가을 볕이 쨍쨍할 때면 오대산 월정사(月精寺) 부근에서 여름내 아름드리 박달나무를 베어내어 깎아 만든 목기류(木器類)의 행사의 떼가 나온다. 함지 이남박을 두어 길 길이로나 겹쳐 쌓아 그 걸고 높은 짐을 진 사람의 꼴이란, 기막힌 장사가 있어 그에게 피사의 사탑을 지우면 흡사 그렇게 보일 듯도 한 꼴이다.

산삼을 얻으려고 철내나 산에 잠겨 치성드리고 헤매고 하던 타관 사람이 삼뿌리나 캐는지 못 캐는지 홀아비 살림 그릇을 짊어지고 돌아오는 것도 이때이다. 들에는 벼가 익을 대로 익어서 숙였고 욱신한 들깨 향기가 살에까지 배어들고 오랍 뜰에는 마른 옥수수 이삭과 익은 고추 송이와 콩꼬투리가 지천으로 널려진다. 분주한 속에서도 하루 품을 타서 새댁들은 먼산에 머루 사냥을 떠난다.

익은 머루와 다래, 가을의 선물로 이같이 탐스러운 것은 없다. 흔한 것이면서도 귀하게 여겨진다. 새댁들은 아침 일찍이 떠난 것이 해가 저물어야 돌아온다. 함지에는 머루와 다래가 수북이 담겨져도 좋고 그 한편 구석에 동백 열매가 한몫 차지하여도 좋다. 특히 동백을 목적하면 마을에서 몇 십 리 되는 깊은 산으로 들어가야 되니 그런 때에는 자칫하다가는 산골짜기에서—노루를 만나기는 예사이나—갈가지를 만나 기급을 하고 무서운 이야기를 가지고 오는 수도 있다.

그들이 가져온 것으로 뒤주 안은 그득히 찬다. 꿀과 엿과 문배와 곡식들이 있던 뒤주 안은 머루 다래의 광주리로 한층 풍성해진다. 광주리가 비게 될 때까지 사람들의 입술은 자줏빛으로 물들어 있다.

머루의 시절과 전후하여 꿀을 뜨는 때가 온다. 꿀통은 대개 마을에서도 몇 리를 들어간 산 아래 양지쪽에 놓인다. 반 년 동안이나 애써 모은 꿀을 얻기 위하여 그 벌떼를 연기를 뿜어 죽여야 함은 가엾은 일이다. 벌집과 한데 문질러내린 개꿀을 진귀히 여겨 마을 사람들은 산으로 들어간다. 별로 신통하지는 못하나 나는 내 자신의 한 장의 이야기를 가지고 있다.

동행은 세 사람이었으니 총 중의 한 사람은 여학교를 나와 제복을 갓 벗은 소녀였다. 그의 몸이 아무리 위대하고 가을같이 익었다 하더라도 소녀라고 부름이 허물없고 마땅할 것 같다. 먼 길이 아니므로 설핀 우림으로 아침 늦게 떠나 마을 길을 더듬었다. 세 사람인 때에 사람들은 피차에 무슨 생각을 하는지는 알 바 없으나 반드시 초조한 생각만이 아니고 때로는 유유한 평화로운 심사도 든다는 것은 그때의 나의 마음이 잘 설명하여 준다.

나는 그를 다쳐서는 안 되었으니 그것은 도덕이기보다도

먼저 나의 감정이요, 흥미 문제였다. 여학교를 마친 채 생애의 길을 못 찾고 번들번들 지낼 때에 소녀의 마음같이 안타까울 것은 없을 것이니 나는 그의 그런 마음을 잘 속볼 수 있기는 있었으나 감정은 냉정하여야 되었다. 번거롭게 보내는 그의 편지를 무시하려 하였고 간혹 그의 방에 들어간 때에도 축음기 바늘을 공들여 꽂아 벽에 그려놓은 감사의 글발을 보고 나는 무자비한 심사로 잠자코 있어야 하였다.

 꿀을 먹으러 간다고 하필 그 날에 꿀같이 단 이야기를 가진 것도 아니었으나 꿀을 먹고 싸들고 이럭저럭 해가 기울어서야 다시 길을 떠났다. 도중에서 차차 어두워짐을 깨닫고야 비로소 그 날의 불찰을 느꼈다.

 드디어 이동 도로 다릿목에서 소녀를 맞으러오는 그 집 머슴을 만나 나는 얼굴을 붉히지 않을 수 없었다. 집안 사람이 걱정하여 사람을 보낸 것이다. 더 일러야 할 것을 의미 없는 노름에 시간이 공연히 너무도 치우친 것이었다. 물론 뉘우쳐야 할 것은 없었으나 벌써 지난 지 오랜 가을의 일 절이다.

 이야기는 더 어렸을 때로 올라가니 읍내에는 대추나무가 흔하였다. 이같이 높게 익는 열매는 없다. 대추가 한창 익었을 때에는 들과 밭의 추수는 거의 되어 벌써 성대한 군품평회(郡品評會)가 준비되었다. 품평회는 군의 장한 연중 행사였다. 백중이 터지고 사람들이 들끓고 학교는 며칠씩 놀았다. 같은 반의 소녀(그야말로 소녀였으나)에게 어렴풋한 회포를 느끼고 실없이 안타깝게 지낸 것도 이런 때였다. 알맺힌 생각은 못 되나 옆에 아이들이 추스르는 바람에 모르는 결에 주인공과 여주인공이 되는 것도 생각하면 실없는 일이다.

영서의 기억   163

소문이 사실을 만들고 뜻을 창조하는 수가 있는 듯하다. 그러나 자치 동갑의 더 약은 아이가 있음을 몰랐다. 철이 들 대로 든 꾀바른 적수였다. 그의 출현이 소녀에 대한 철부지의 회포를 결정적으로 불질렀다. 두 아이 사이의 말 없는 어두운 대립이 시작되었다.

품평회 무렵은 노는 날이 많으므로 만나는 때가 잦았다. 가을 바람 부는 어두운 밤길을 세 아이가 거닐 때에 소녀는 응당 복판에 서야 할 것임을 자치 동갑은 그를 한쪽 편에 세우고 셋은 천연스럽게 손을 맞붙들고 즐거운 듯이 걸어갈 적이 있었다.

그가 소녀를 어떻게 하였는지 알 바 없듯이 그 또한 나를 의심하였는지 모른다. 무서운 아이들이었다. 깊은 가을의 일이었다.

후일담 같으나 나는 자란 후 서울 거리에서 단 한 번 자란 소녀의 자태를 보고 큰 환멸을 느꼈다. 지난날의 베아트리체는 구름같이 사라져버린 것이다. 그를 만난 것은 한 불행이었다. 아름다워야 할 옛 꿈의 한 장이 그를 만남으로 인하여 더럽혀졌으니까 말이다.

인물의 가을 풍경이 되었으나 빈약한 고향의 기억 속에서 모두 귀한 추억들이다. 고향을 찾은 지 오래여서 그리운 생각도 솟는다. 차차 높아가는 가을에 앞 강의 물은 흠뻑 줄어 마른 돌이 솟아오르고 시든 옥수수 잎에 영 위에 뜬 달이 차게 비칠 것이다. 뜰에 서서 들깨를 베는 새댁의 손이 희고 치마폭에는 깻잎 냄새가 욱신거렸다. 머루 먹은 마을 사람들의 입술은 점잖지 못하게 자줏빛으로 물들었으렷다.

고요한 '동'의 밤

경성(鏡城)에서 나남(羅南)까지는 약 십 리의 거리였으나 나는 나남을 문 앞같이 자주 다니게 되었다. 경성의 마을을 사랑하는 한편 나남의 거리도 마음에 든 까닭이었다. 기차로 다니고 버스로도 다니고 때로는 고개를 걸어 넘기도 하였다.

그곳에 간 지 달포도 못 되어 나는 거리 생활의 지도를 역력히 머리 속에 넣어 버렸다. 빵은 카네코가 제일이요, 책사는 북광관이 수수하고 찻거리는 팔질옥에 구비되었고 커피는 '동'의 것이 진짬이라는 것을 환하게 익혀버렸다.

빵 한 근 사러 십 리 길을 타박거릴 때도 있고 커피 한잔 먹으러 버스에 흔들릴 때도 있었다. 빈 속에 커피를 마시고 버스로 고개를 넘기같이 위험한 일도 적다. 가솔린 냄새 속에 속이 홅이고 금시에 뇌역질이 나는 것이다. 나는 견디기 어려운 십 분 동안을 간신히 참으면서 세상에서 제일 싫은 것이 무엇이냐고 물을 때 서슴지 않고 경성과 나남 사이를 버스로 달리기라고 대답할 것을 마음 속에 준비하면서 그 지긋지긋한 고생을 꿀꺽 참을 수밖에는 없었다.

그러면서도 그 고맙지 않은 차를 먹으러 또 나남으로 가는 것이다. 차를 먹고 빵을 사들고 고개를 타박타박 걸어 넘는 때가 많았다. 고개는 시절을 따라 자태를 변하였다. 이른 봄에는 회초리만 남은 이깔나무의 수풀이 자줏빛을 띠고, 잔디밭이 보료같이 따뜻하다. 여름에는 바다가 멀리 시원스럽게 내려다보이고 가을에는 고개 밑 능금밭에 익은 송이송이가 전설 속의 붉은 별같이 다닥다닥 나무 사이에 뿌려진 것이 샅줄 만하다.

겨울에는 한층 공기가 차고 맑아 눈발이 휘날리는 속을 부지런히 걷노라면 몸이 후끈히 더워져 어느 때보다도 유쾌한 체온 조화를 준다.

산마루턱에 올라서 바다를 향하여 더운 몸의 물을 줄기차게 깔기노라면 고개 양편의 마을과 거리가 내 것 같은 호들갑스런 느낌이 난다.

나남은 넓게 헤벌어진 휑뎅그렁한 거리였다. 넓은 벌판에 토막집들을 달롱달롱 들어다가 붙여 늘어놓은 듯한, 모두가 새롭고 멀둥한 거리였다. 새로운 지붕과 벽돌에는 묵은 이야기도 없고 으슥한 이끼가 끼어 있을 리도 만무하다. 얄곽한 집 안에는 얄곽한 생활이 있을 뿐이었다.

이 거리에 단 하나 운치 있는 것이 있었으니 한 대의 낡은 마차였다. 먼 외국 어느 거리에서라도 주워 온 듯한 여러 세기 전의 산물인 듯도 한 검은 고귀한 낡은 마차. 한 필의 밤빛깔 말이 고개를 의젓이 쳐들고 점잖고 요하게 마차를 끌었다. 역에서 내린 손님을 싣고—— 하면 벌써 산문이 되어버리고 마차 안에 탄 사람이 보이지 않게 검은 휘장을 내리고 모자 쓴 늙은 마부가 앞에 앉아 말을 몰며 고요한 거리를 바퀴 소리를 가볍게 내며 굴러가는 풍경은 보기 드문 아름다운 것이었다.

그 무슨 그윽한 옛이야기를 싣고 그것을 헤쳐보이는 법 없이 시침을 떼고 의젓이 지나가는 것이었다. 애송이 거리에는 아까운 한 폭의 그림이었다. 나는 거의 경이에 가까운 눈으로 그 한 폭을 무한히 즐겨하였다.

찻집 '동', 이것이 또한 나에게는 중하고 귀한 곳이었다. 그곳을 바라고 나는 거의 일요일마다 십 리의 길을 걸었다. 공원 옆 모퉁이에 서 있는 초라한 한 채의 집, 그것이 고요한 '동'의 마차와 함께 거리의 그윽한 것의 하나였다. 붉은 칠이 벗겨진 'DON'의 글자가 밤에는 푸른 등불 밑에 깊게 묻혀버린다. 나는 이 이름의 유래를 모르나 아름다운 이름으로 기억하게 되었다.

문을 밀치고 들어가면 단칸방에 탁자와 의자가 꽉 들어찼다. 벽에는 실러의 얼굴이 붙었다. 창의 휘장도 시절을 따라 변하여 여름에는 검은 명주의 커튼이 걸리고 철이 늦으면 아롱진 두툼한 것으로 갈려졌다. 겨울이면 복판에 난로가 덥고 크리스마스 무렵에는 한편 구석에 크리스마스 트리가 신선하게 섰다.

낮이면 사단의 초등 병사들이 그 속에 꽉 차는 까닭에 내가 그 속에서 보내는 시간은 어느 때나 밤이어야 한다. 마을로 가는 마차 시간, 열한 시까지의 밤을 그 속에서 지우는 것이었다.
 주인은 나중에는 집에서 기른 닭고기를 나에게 대접하고 잔을 따라주게까지 되었다. 커피는 처음에는 마련없는 것이, 거리에 남양에까지 다녀와 커피 맛에 살찐 친구가 있어서 그의 권고로 나중에는 모카 채버 믹스트의 세 가지를 구별해 내게까지 되었다. 굵은 눈송이가 휘날리는 밤을 나는 그 안에서 난로와 차에 몸을 덥혀가며 이야기에 휩쓸리거나 레코드에서 흐르는 '제 두 아무을'의 콧노래에 귀를 기울이곤 하였다.
 적적한 곳에서 나는 나의 감정을 될 수 있는 대로 화려하게 치장함으로써 먼 것을 꿈꿀 수밖에는 없었다. 생활은 재료만이 아닌 것이다. 중요한 것은 그 향기다. 감정, 분위기, 향기를 빼앗길 때 그곳에는 모래만이 남는다. 나는 늘 이 향기를 잃어버릴까를 두려워하며 언제든지 그것을 주위에 만들고야 만다. '동'은 그때의 나에게 이 향기를 준 곳이었다.
 고요한 곳에서 그 향기를 찾으려고 나는 십 리의 밤길을 앞두고 눈오는 밤을 그 속에서 지내는 것이다.
 간간이 레코드 회사 출장원이 내려와 레코드 연주회를 열 때가 있었으니 그것은 늘 귀한 진미가 되었다. 꿈은 한결 풍성하였다.
 물론 주인들과 문학 이야기에 잠기는 수도 있었다. 주인 S와 그의 아내와 처남 T와의 세 사람이 모두 문학에 관하여서는 제법 각각 자신의 의견과 말이 있었다. S는 지방 신문의 기자였으나 호담스런 비위에 연말이면 연대장쯤을 찾아가서 객실에 몇 시간이든지 버티고 앉았다가 기어이 금일봉의 봉투를 우려내고야 마는 위인이었다. 그것을 정당한 것으로 주장하고 봉투에 든 액수가 칠십 원밖에는 안 된다고 투정을 내는 위인이었다.

도쿄에서 비비대다가 결국 밀려난 것이었으나 그곳에 뒹굴고 있을 때에는 정당 연설을 하다가 난투 속에 휩쓸려 얻어맞기도 하고 한동안은 좌익 시인 노릇도 해오고 사회 운동에 몸을 던져도 보았다가 종시 밀려난 것이다.

아내는 북국에서 자라난 광부의 딸이었으니 직업 부인으로 산지 사방 구르다가 S와 지내게 되었고, 지식 청년인 처남 T 역시 하릴없이 그들을 쫓아나와 거북스런 식객 노릇을 하고 있는 판이었다. 동맹 휴고를 지도하다가 반대파에게 맞았다는 칼침의 흔적을 자랑삼아 몇 번이든지 말하고 보이곤 하였다.

그러나 그것은 지나간 꿈의 부스러기요, 가게에서는 한다 하는 쿡 노릇을 하면서 커피 자랑과 단벌의 빛나는 그의 구두 자랑을 하는 것이 격에 맞아보이는 것이었다.

같은 고향 출신의 도쿄에 있는 몇 사람의 신진 작가 이야기를 비교적 자세히 털어놓곤 하였다. S는 한 사람의 여류 작가와의 연애 사건까지 헤쳐 말하였으니 눈치로 보아 그것이 허황한 거짓말만도 아닌 듯하였다. 그 여류 작가는 당시 대잡지에 등장하여 익숙한 단편을 발표하고 있었다. 북국의 광산의 음산한 공기가 방불하게 나타나 그들의 지난 생활은 그랬으려니 짐작하기에 족하였다. 어느 때엔지 신문에 발표된 어떤 우익 여류 작가의 단편을 칭찬하였을 때 S부인은 대단히 불만스런 표정을 하였다. 놀라운 기술을 말하다가 범연한 그의 태도에 나는 밑천도 못 찾고 객쩍스런 느낌을 마지 못하였다. 그들에게는 철없이 경박하다가도 때로는 확실히 그러한 고집스런 진실한 일면이 있었다. 거짓 장식만이 아닌 뿌리 깊은 생각이 있었다. 가령 이런 일이 있었다. 연대의 초등병 가운데도 그들의 고향 가까운 곳 사람들이 많았다.
 군영 안에서는 책을 금하는 까닭에 그 중의 몇 사람은 가게를 통하여서 붉은 책을 청하였다. 거리에 나와 읽다가 귀영 시간이 되면 가게에 맡기거나 급할 때에는 거리의 풀밭 속에 버리고 영으로 돌아가는 습관인 것을 한 번은 부주의로 책자를 품에 지닌 채 돌아가다가 기어이 발각이 난 것이다. 당사자가 감금을 당한 것은 물론이거니와 책자의 출처가 문제되어 '동'에까지 손이 뻗쳐오고야 말았다. 하루는 T가 돌연히 집으로 찾아와서 그 일건의 전후 곡절을 이야기하고 그 하룻동안 몸을 맡아달라는 연유를 말하였다. 손길을 피하고 있는 중이었다. 그러나 사건 내용도 그렇단 것이 아니었으나 결국 S가 그의 지위를 이용하여 사면 팔방으로 분주히 청을 넣고 하여 T의 일신이 무사히는 되었다. 당사자인 병졸이 군법회의에까지 돌았는지 어쨌는지는 그 후 못 들었으나 확실히 시끄러운 조그만 사건이었다. T에게는 그러한 일면도 있기는 있었다.
 '동'에 단골로 다니는 때에 색이 다른 사람, 토목기사와 백화점의 사무원과 거리의 관리와 남에서 돌아온 실업가가 있었다. 토목기사와 사무원은 제법 음악에 대한 소양이 놀라웠다. 청진에 고명한 재즈 가수의 연주회가 있었을 때에도 토목기사만은 동행한 처지였다. 가족들과 이 모든 사람들이 어울리면 가게 안은 웅성웅성 즐거웠다.

 나는 눈 내리는 여러 밤을 그 안에 휩쓸려 마차 시간을 기다리면서 정신 없이 보내곤 하였다. 북국의 눈송이는 유달리 굵다. 그리고 밤의 눈이란 길에 푸른 빛을 뜨이는 것이다. 창 기슭에 쌓이는 함박 같은 눈송이를 두꺼운 휘장 틈으로 내다보며 난로와 더운 차에 얼굴을 붉히노라면 감정이 화려하게 장식되고 찬란한 꿈이 무럭무럭 피어올라 가게 안에 차고 먼 아름다운 것이 눈앞에 보여오곤 하였다. 그 아름다운 것이 무엇인지는 모른다. 형상도 아무것도 없는 다만 부연 안개일는지도 모른다. 그 안개가 생활에 대단히 필요한 것이다.

 나는 그 안개 속에 많은 밤을 그 안에서 지냈으나 생각하면 다행한 일이었다. 안개 없이는 살 수 없는 까닭이다. 문학도 그 속에서 그것을 찾을 수 있을 때에 한층 생색 있는 것이 된다. 나는 이 끄는 힘, 내 주위에 '동'의 안개를 꾸며내고 뱉어내려고 애쓴다.

쇄 사(瑣事)

 큰일에는 크고, 작은 일에는 작게 사람은 누구나 항상 일종의 두려움을 일상 생활에 있어서 허다하게 경험하게 되니 그런 경험은 생활을 꾸며가는 정감의 한 요소가 된다. 두려움은 긴장을 가져오고 긴장이 풀린 후에는 안심이 와서, 여기에 비범한 생활의 흐름이 있다. 무사태평한 생활보다는 그 편이 한결 보람 있는 생활이 되지 않을까.
 병이 잦았던 까닭에 근대 의료(醫療)의 세례를 알뜰히도 받은 나건만은 치과를 찾게 되었을 때 나는 어지간히 겁을 집어먹고 미리부터 친구에게 탐문하여 명의사를 수문하고 치료받을 때의 아픈 정도를 헤아리곤 하였다.
 짜장 병원 문 안에 발을 들여놓게 되었을 때에는 참으로 여러 날의 이러한 준비 공작을 거친 뒤였다. 나는 나를 뛰어나게 대담한 사람이라고는 생각하지 않지만 그렇다고 유달리 겁쟁이라고도 생각하지는 않는다. 비록 겁쟁이가 아니라 하더라도 사람에게는 누구나 아무리 사소한 일상 생활의 체

험에도 복잡한 심리의 움직임이 있고 유동이 있음을 말하고자 한다.

어금니 한 대가 쏘기 시작한 지 여러 달이 되었다. 벌레가 침범한 것이었다. 아마도 신경의 갈래가 겉으로 솟아나왔음인지 우연한 서슬에 혀로 조금만 다쳐도 찌르고 아프고 날이 차면 또한 그 편 일대가 몹시 쑤시곤 하였다. 찬 과실을 먹을 때에도 조심되고 레몬 스카치를 마실 때에는 입 한편 구석만으로 머금지 않으면 안 되었다. 그래도 찬 기운은 어느 결엔지 그 편으로 옮겨져 가서 아픈 이를 사정없이 위협하였다. 레몬의 향기는커녕 단맛도 똑똑히는 알려지지 않았다. 음식의 구미는 줄어버리고 생활의 흥미는 탕감되었다.

그러면서도 그대로 몇 달을 참은 것은 신변이 분주하려니와 역시 두려운 생각이 용기를 방해함이었는지 모른다.

이러한 생활적 소극성을 극도로 미워하면서도 실상에 있어서 가끔 그 지배를 받게 됨을 한되게 여긴다. 병으로 말미암아 반생 동안에 거의 삼사백 대의 주사를 맞아왔고 적은 때에는 양편 팔 정맥에 구멍이 숭숭 뚫린 때조차 있었으나 그것으로서도 오히려 근래의 요법에 대하여 익숙하여지고 대담하여졌다고 자랑할 것은 못 되는 모양이었다.

어떻든 치과 병원 문 앞에 들어서서 높은 의자에 걸터앉을 때까지도 흥분이 좀체 사라지지 않았다.

정미(情味)라고는 조금도 없어 보이는 후리후리하고 무뚝뚝한 의사는 미소 한 조각 띠지도 않았다. 더한층 언짢은 것은 맞은편 벽에 걸린 그의 사진이니 그 사진은 웃음을 띠기는 하였으나 두 줄의 뻗은 이는 드러내놓고 탄구대소(綻口大

笑)하는 그 얼굴은 결코 정미를 자아내는 유의 것은 아니고, 벽에 곧 저 끝에 붙인 이는 도해와 함께 징그럽고 섬뜩한 것이었다. 핀셋, 집게, 바늘, 주걱 등의 도구를 갖추어놓더니 이를 검사하려 들었다. 윗줄 맨 구석의 어금니였다. 반 이상 벌레의 밥이 되어버린 이는, 즉 거기 닿을 때 유심히 저렸다. 나는 모르는 결에 꿈틀꿈틀 몸을 요동하였다.

저작(咀嚼)에는 아무 도움도 못 되는 소용없는 이임을 알았다. 신경을 죽이고 치료함에는 약 이 주일이 걸리므로 차라리 빼어버림이 나음을 의사는 말하였다. 애틋한 생각도 나고 두려운 생각도 나서 치료를 단념하고 빼기를 결심할 때까지에는 약간의 주저가 있었다. 결심을 듣고 의사는 비로소 빙그레 웃음을 띠고 장기를 갖추더니 주사기에 마취제를 조합하여 넣었다. 잇점의 부드러운 점막(粘膜)이므로 팔의 정맥과는 스스로 경우가 다르다. 바늘 끝에서 약즙(藥汁)이 다 잦을 때까지 나는 몸을 징긋이 틀고 있었다. 잠깐 동안을 두었다가 의사는 이윽고 집게로 이를 흔들기 시작하였다. 마취가 철저하지 못한 탓인지 아프기는 일반이었다. 별것이 아니다. 집게와 이와 걸어가지고 씨름하는 셈이었다. 집게 가는 대로 나의 이는, 얼굴은 정신을 질질 끌었다. 흔들리는 이 뿌리에서는 쓴 약즙이 새어서 입 안에 고였다. 양치를 하고 나서 씨름은 계속되었다. 마지막 힘으로 불끈 걸었을 때 이는 드디어 빠지고 말았다. 소독하고 양치하고 탈지면을 징긋이 물고 있는 동안 피는 여전히 솟아 입 안에 그득 응겼다.

나는 벌써 안심하고 눈을 감고 고요히 앉아 있었으나 나머지의 아픔이 전신에 뚜렷이 파도쳐 흘렀다. 위대한 경험을 겪은 뒤가 컸다. 몇 분 동안의 침통에 지나지 않았건만 긴장되고 흥분된 전신에는 그것이 실상으로 과장되어서 육신과 정신을 얼근하게 뒤흔들었다.

그 짧은 동안에 여러 가지 기구한 생각이 솟아올랐다.

별안간 원시 시대에 칼을 불려가지고 종기를 쨌을 때의 광경이 떠올랐다. 침통에 잠겨 있는 산부(産婦)의 모양이 떠올랐다. 전쟁의 잔인함이 생각났다. 모든 고통의 뜻이 새삼스럽게 음미되었다. 산부의 고통이나 살육의 고통에 비겨 이의 고통쯤은 참으로 하잘것없는 것임을 짐작할 때 잠깐 동안에 겪은 공포의 염과 비겁의 양자가 부끄럽게도 생각되었다. 그러나 고통이 지난 후의 안심이 커다란 만족을 일으켰음은 사실이었다. 세상에서 가장 싫은 것이 고통임을 절실히 깨달은 것도 사실이었다.

고통의 심도는 다르다 할지라도 치통이나 전쟁이나 고통임은 일반일 것이다. 치통에는 치통의 괴롬이 있는 것이니 이것은 결코 수월한 것이 아니요, 전쟁에는 전쟁의 괴롬이 있으니 이것은 물론 말할 수 없이 무섭고 끔찍한 것이다. 그러나 전쟁에 나가는 용사라고 치통의 괴롬을 느끼지 않을 바 아니요, 치통을 두려워하는 겁쟁이도 막상 그 경우를 당한다면 전쟁에 못 나갈 바도 아닐 것이다. 그때그때에 닥쳐오는 고통은 그 대소를 막론하고 다 같은 성질의 다 같이 귀찮은 것임에 틀림없다. 고통이 물결쳐 올 때 이를 악물고 그것을 지그시 참아나가는 뱃심과 담이 있으면 족한 것이다──이런 생각도 났다.

다음날 다시 한 번 찾기를 약속하고 새 지면을 입에 물고

병원을 나왔을 때 피는 여전히 입 안에 고여 자주 걸음을 멈추고 뱉지 않으면 안 되었다. 그러나 이제는 벌써 떳떳한 미각을 가지고 과실을 먹을 수 있고, 밀수(蜜水)를 마실 수 있고, 레몬 스카치를 맛볼 수 있음을 생각할 때 마음은 말할 수 없이 개운하였다.

그때 그 항구의 밤
—— C항의 일착(一齣) ——

  생각하지 않아도 저절로 언제든지 마음 속에 쉽게 떠오르는 그런 현명하고 충동적인 추억은 평생에 극히 적을 듯하다. 지난 생활과 기억이란 잊혀지기 쉬운 것이며—— 하기는 커다란 잊음 없이 인생은 살 수 없는 것이나—— 기쁨도 괴롬도 봉변도 흥분도 마음 속에 오래 묵지는 않는다.
  지난날의 일기장이 가끔 한 개의 발견이 되고 새로운 인생의 창조같이 보이고 신선한 흥분을 가져옴은 그런 까닭이다. 그러나 나에게는 지금 솔직히 항구의 일기장이 없다. 추억의 제목으로 곰곰 가방 속을 들출 수밖에는 없다. 풀숲의 밤송이같이 보살펴 찾아야만 눈에 뜨인다.
  총 중에서 나는 가장 점잖음은 가끔 재미없음을 의미한다. 그러나 인생 그것부터가 결코 재미있는 것이 아니다. 산만한 소재의 의미 없는 연속인 까닭이다. 그 소재가 작가의 손에 의하여 유기적으로 정리되고 배열되고 구성될 때 비로소 재미있는 이야기가 되는 것이다. 그러기 때문에 아무리 변변치 못한 작가의 변변치 못한 소설이라도 그것이 소설인 이상 소재의 구성인 이상, 인생의 그것보다는 훨씬 재미있는 법이다. 그러나 추억의 기록은 구성 아닌 생소한 소재의 나열이므로 소설적 재미는 처음부터 그 목표가 아닐 법하다.

 C항구를 생각할 때 떠오르는 것은 좋은 언덕 위의 무전 전신국과 늘어선 안테나의 그물과 골짜기의 푸른 웅과 등대의 흰 탑과 새로 된 부두와 삼천 톤 급의 기선과 외줄의 긴 거리와 거리의 홀과 다시 언덕 위의 호텔과 호텔의 식당이다. 이것은 굳이 선택된 소재들이 아니라 추억의 가지가지의 내용을 꾸미고 있는 실상의 요소들이다.

 전신국의 기사는 언덕 위에서 거리를 굽어보며 바다를 손 안에 잡을 듯이 바라보면서 시시로 안테나에 도착되는 연해의 소식과 먼 바다의 동정을 자랑스럽게 말하였다.

 조촘한 화단을 끼고 바다의 진한 배경 속에 솟은 상아탑의 지대에서는 이십 해리를 비추는 사만 팔천의 촉광의 프리즘의 백열등이 거의 태양과 맞서려 하였다. 바위에서도 다시 십 미터나 솟은 탑 끝은 땅 위에 태양화하였다. 그러기 때문에 등대의 기억은 언제든지 태양과 같이 눈부시게 마음을 비친다.

 새로 꾸며진 부두에는 늘 몇 척의 기선이 대어 있어 다음 항해 준비로 몸에 화장을 베풀고 있었다. 쇠사슬로 부두 돌못에 매어 있는 신세이기는 하나 바다 밖에 들를 날을 꿈꾸고 명랑한 표정이었다. 등뒤에서 갈매기는 물과 집적거렸다.

나는 배의 풀리는 날을 보려고, 떠나는 기적 소리를 들어 보려고, 대상 없는 테이프라도 던져보려고 부두 위에 우두커니 서본 적이 많았다. 그 항구에 있는 그다지 친분도 두텁지 못한 한 사람의 영화인이 별안간 지급의 편지를 보내어 제작의 시일이 급박하였으니 원작을 한 편 속히 써 보내달라고 청하였다. 뱅크롭트가 나오는 종류의 재미있는 항구의 이야기를 꾸며보려고 그제서야 나는 C항구에 자주 다니며 이야기의 배경될 만한 거리를 보살폈다. 창고, 어장, 술집, 한길……을 충실히 거쳐보았다. 그러나 영화인에게서는 다시 소식이 없었다. 아마도 물었던 자본주를 놓쳤음이 확실하였다. 마음의 무거운 짐을 벗은 듯하여 차라리 나에게는 시원한 노릇이었다.

그러나 그 모든 기억 속에서 가장 즐거운 것은 호텔에서 먹은 과실—— 살구맛이었다. 미각은 가끔 시각보다도 더 선한 인상을 주는 것인 듯하여 그 날 밤 호텔 식당에서 먹은 한 접시의 살구맛이란 잊기 어려운 귀한 진미였다.

철 아닌 이월에 먹은 개살구 아닌 양살구의 맛일 까닭이었을까.

그 날 밤 항구의 극장에서는 바다를 건너온 유명한 재즈 가수의 독창회가 있었다. 미국 출신의 고명한 그 가수는 만주로 연주 여행을 떠난 도중에 항구에 들른 것이었다. 그 특색 있는 이국적 여류 가수의 등장이 항구로서는 드문 호화로운 기대였다. 시절의 인기였다.

나는 R시의 유일의 찻집 '동'의 축들과 한 패가 되었다. 집에서 R시까지 20분, R에서 C까지 사십 분, 도합 항구까지는 차로 한 시간이 걸렸다.

거리의 등불을 멀리 바라볼 수 있는 저녁 무렵의 드라이브란 유쾌한 것이었다. 한 패라고 하여야 '동'의 축들 세 사람과 나와 합 네 사람이었다. 다시 말하면 한 대의 택시에 꼭 맞는 인원이었던 것이다. 보드라운 요동과 홍분으로 택시는 가벼웠다. 항구에 이르렀을 때에는 바로 극장 문 앞까지 차를 들이댈 수 있었다.

'동'의 축—— 허물없는 친구들이었다. 찻집의 이름을 왜 하필 '동' 이라고 하였는지는 모른다. 그러나 '동'의 취미와 풍채란 무릇 귀족 풍채와는 먼 것이었다.

좁은 가게 안에 자리를 대부분 점령하는 것은 사단의 초년병과 일등병이었으니까. 거리를 헤매다가 귀영 시간이 임박한 하등병들은 가게 안이 미어져라 꾸역꾸역 비집고 들어와 더운 차에 황급하게 혀를 데는 것이었다.

커피 한잔이라도 즐겁게 마시려면 고요한 밤 기회를 탈 수밖에 없었다. 젊은 주인은 동시의 삼류급 지방 신문 지사의 기자였다. 걱실걱실한 말이 헤프고 자랑이 많았으나 그만큼 속은 날탕인 그런 친구였다. 과거의 큰 투사였던 척이 말하였으나 믿을 바 못 되고 다만 무산당 선거의 후원 연설을 나갔다가 톡톡히 봉변하고 고생하였다는 구절에는 약간의 진실이 보였다.

아내가 광산에서 태어났으므로 처남도 역시 광부의 아들이었다. 교육은 받을 만큼 받았으나 할일 없는 룸펜인 그는 매부를 쫓아나와 '동'에 기식하여 말하자면 '쿡' 노릇을 하는 셈이었다. 매부와는 대차적인 성질이나 그러나 말이 헤픈 것은 일반이었다. 학교 때 파업을 지도하다가 반대파에게 등줄기에 칼침을 맞은 기다란 허물이 그의 큰 자랑이었다. 그의 하는 말을 아무 반문과 거역 없이 받아들임으로써 그는 나를 좋은 친구로 여기는 모양이었다.

어떻든 나는 차를 마시기 위하여, 허물없는 이야기를 듣기 위하여 친히 다녔고 그것으로 인해 또 그들의 친구인 한 사람의 토목기사와도 알게 되었다. 토목 기사는 그곳에 올 때에는 완전히 직업을 떠나 그의 전문 외인 음악 이야기와 문학담에 열중하였다.

물론 그와도 전혀 사귐의 인연이 없는 것은 아니었다. 그 밤의 한축이라는 것은 즉 이 토목기사와 신문기자와 그의 아우의 세 사람이었던 것이다.

누렁둥이 조세핀 베이커는 무대에 피어난 한 송이의 그늘의 꽃이었다.

결코 화려하지 않은 조촐한 그늘의 꽃이었다. 그의 노래는 요란한 문명의 노래가 아니라 고향을 그리워하는 안타까운 노스탤지어의 노래였다. 라이트를 받아 젖은 듯이 빛나는 그의 눈은 눈물에 젖은 바로 그런 눈이었다. 허공을 향한 코, 다문 입―― 모든 것이 그의 슬픈 노래를 효과 있게 하기에 족하였다.

홍얼홍얼 코끝을 낚는 노랫가락은 그대로가 바로 목메이게 느끼는 울음소리였다. 스텝을 밟는 부드러운 눈 장단도 애닯게 간지렸다. 그를 보고 듣는 동안 나는 한결같이 마음 속에 형상 없는 '고향'을 느꼈다. 잃어진 '고향'이 그리웠다. 무대의 그의 자태는 '고향' 그것과도 같이 그립고 친밀한 것이었다.
 이 감정은 극장을 나와 아래편 호텔에 이르러 축들과 함께 식탁을 마주 대하였을 때까지도 좀체 사라지지 않았다.
 그런 때에 먹은 맛이기 때문에 그 날 밤의 살구맛은 잊기 어려운 귀한 진미였던가. 달고 아름다운 누렁둥이 살구의 맛, 누렁둥이 베이커의 콧노래의 맛, 그리운 고향의 맛, 살구의 맛은 바로 고향의 맛이었는지 모른다. 그렇게 아름답고 귀하였을 제는.
 재즈 가수의 그 날 밤의 노래도 잊기 어려운 것이지만 그 밤의 살구맛도 잊어지지 않는다. 그 점에서 C항구도 이제는 그리운 것의 하나가 되었다. 원컨대 다시 그런 살구의 맛을 가질 수 있기를 바란다.
 적을 필요도 없는 것이나 그 날 밤은 축들과 함께 늦은 차를 세내어 무사히 돌아왔다. 그러나 물론 돌아온 것은 R시까지요. 늦밤은 하는 수 없어 나는 '동'에서 하룻밤 신세를 지게 되었던 것이다. 집에 이른 것은 이튿날 아침이었다.

내가 꾸미는 여인
―순진한 정미(情美)를 느끼게 하는 '프랑슈' 급의 여인―

 조선적 현실에는 찾을 수 없는 경지나 —— 그러므로 이상이라도 있겠으나 —— 르누아르의 '프랑슈' 나 '말토' 쯤의 여인이면 이상에 가깝다 할까, 하필 '프랑슈' 나 '말토' 를 드는 것은 그들의 높은 지적 계급을 원함으로써이다.
 즉, 이상이라 함은 지적 이상을 가리킴이다. 의상이야 무엇이든 —— 드레스와 머플러 대신에 치마 저고리를 입히고, 하이힐 대신에 털고무신을 신기고 갸우뚱한 베레모 대신에 맨머리 바람으로 거리를 거닐게 하더라도 —— 무관할 것이며 무엇보다도 지적 민첩, 고도의 이상, 심리의 비약적 거래가 바라고 싶은 것이다.
 "사랑하는 사람이란 피차에 주고받는 추억밖에는 값이 없는 것이에요" 하고 말할 때의 '프랑슈' 의 연애적 활달과 심리적 온건성이 꾸며보고 싶은 것이다.
 고도의 지성을 우리는 더 많이 지드의 '알리사' 에게서 볼 수 있으나 거기에는 도리어 과도의 이성에 질식하게 되며 편

집적(偏執的) 극기와 절제에 일종의 안타까운 불만조차 느끼게 된다.

"제롬 씨, 우리는 언제든지 떨어져 있는 편이 좋아요 …… 나는 당신을 멀리서 생각하고 있는 편이 훨씬 좋아요 …… 사람이 가까이 가서 탈 없는 것은 다만 주에게 뿐예요" 하고 딱 잡아떼는 알리사의 완고한 정신에는 일률한 것을 느낄 뿐이다.

반대로 누이동생 '줄리엣'의 걱실걱실한 마음씨는 따뜻한 동감을 느낄 수 있다.

"언니는 저를 뉘에게 시집보내려고 하시는지 아세요. …… 당신께요."

'제롬'에 대한 구애의 말에서도 다만 그의 꾀를 본다느니보다는 순진한 정미(情美)를 느끼게 되는 것이다.

이 정미와 고도의 지성과는 반드시 서로 배치되는 것이 아닐 듯싶다. 이 두 가지 심조(心條)를 갖춘 곳에 이상의 여인을 꾸밀 수 있을 것 같다. '가'를 말하면 '나'를 대답하고 꽃의 빛깔을 이야기하면 그 향기를 짐작하는 내포가 넓고 함축이 많고 심리적·비약적 회화를 건넬 수 있으며 연애적 모험성이 있고——그 위에 육체적 욕심을 말한다면 눈자위에 윤택이 흐르고 응시하는 초점이 확실치 못하여 나를 노리는지 혹은 내 등너머 죽은 석고 조각을 바라보는지 분간할 수 없는 그런 여인이면 이상에 가깝다 할까.

현실에 있어서 그런 육체적 조건에 이르러서는 말을 건너넘기 전에는 마음을 떠보기 전에는 알 수 없는 노릇이다.

발발이

 '치로'는 시계같이 정확하다.
 오정때만 되면 어느 길을 어떻게 빠져나오는지 거리를 나와 마을 길을 거쳐 먼 사무실에까지 오는 것이다.
 사무실에 들어오기가 바쁘게 코를 쫑긋거리고 꼬리를 흔들며 사람을 흘끔흘끔 쳐다보면서 책상과 책상 사이를 샅샅이 돌아다닌다. 점심때를 기다리는 것이다. 지치면 난로 앞에 가서 몸을 휘젓이 펴고 누워 하품을 하면서── 따라서 눈물을 게슴츠레 흘리면서 사람들의 움직이는 눈치만 살핀다. 무료한 듯이 눈을 검실검실 감으면서도 기실은 신경이 날카롭게 일어선 것이다.
 점심 그릇이 책상 위에 올라 수저 부딪치는 소리가 덜그럭덜그럭 나기 시작하면 '치로'는 소리도 없이 민첩하게 사뿐히 일어나 눈알을 데굴데굴 굴리고 코를 훅훅 울리면서 쏜살같이 눈앞에 보이는 책상께로 달아난다. 이때부터 그의 싸움과 벌이가 시작되는 것이다.

의자 옆에 가 쭈그리고 앉아서 끈기 있게 사람의 처분만 기다린다. 언제까지든지 기다리다가도 소식이 없고 무시를 당할 때에는 주위를 끌기 위하여 기묘한 소리를 지른다. 그래도 정 대꾸가 없으면 앞발을 넘츳 쳐들고 재주를 해보이다가 그것도 효과가 없을 때에는 마지막으로 들었던 발로 양복바지를 쥐어뜯는다. 요행 선심을 입어 고깃저름이나 국수오리나 빵조각을 얻게 되면 게눈 감추듯 먹어버리고 다음 것을 기다린다. 그러나 오래도록 소식이 없을 때에는 벌써 그곳은 단념하여야 한다

다음 책상으로 가서 같은 계제로 같은 거동을 되풀이하나 처음에는 재롱을 보려고 귀여워하던 것이 요사이 와서는 어느 책상이나 퍽 냉정하게 된 것을 느낀다. 무시만 하는 책상이면 오히려 수치는 아니나 어떤 책상에서는 처음부터 꾸중을 하여 붙이지 않거나 심하면 구두 끝으로 차서 쫓는 곳까지 있다.

다정하면서도 냉정한 사람의 마음을 느끼면서 '치로'는 하는 수 없이 주인 책상 옆으로 가나 주인은 더 한층 무동작하며 때로는 성가신 마음에 으레 문 밖으로 내쫓은 것이다.

자기의 기르는 짐승이 동관들 앞에서라도 멸시를 받고 귀찮게 여김을 보는 것이 면괴스러운 것이다. 집에도 당부하여두고 낮에는 될 수 있는 대로 발을 금하는 것이나 짐승은 어느 틈으로 어떻게 묘하게 빠지는지 오정때면 으레 사무실에 나타나는 것이다.

'치로'는 벌써 대여섯 살이 넘었으나 나무로 치면 악마디 솔같이 작고 잔망하고 마디차다. 마을에는 그의 소생도 많

이 퍼졌건만 언제나 노티가 없이 장난감 같은 몸뚱어리에 부글부글한 털을 바르르 날리며 꽃술 같은 꼬리를 휘저으면서 사무실을 찾는다. 주인은 한다 하는 포수다. 따라서 여러 마리의 사냥개를 기른다. 늠름하고 허울 좋은 사냥개에 비하면 잔망한 발발이는 보잘것없는 장난감인 데다가 실제로 말하더라도 사냥개가 더 긴하므로 주인의 사랑은 그 편으로 더 많이 기우는 모양이다. 자연 '치로'에게는 끼니 때의 차지도 적음이 사실인 것 같다. '치로'는 그 벌충을 학교에서 대려는 것이다. 한가한 산보가 아니요, 엄숙한 양식의 문제인 것이다.

'치로'는 사무실에 들어와서는 무엇보다도 먼저 주인의 책상을 바라본다. 마음이 송구스러운 까닭일까. 그 날은, 그때 요행히 주인의 자태가 보이지 않았다. '치로'는 즉시 점심이 시작된 한편 책상께로 가서 코를 울리며 발을 들고 늘 하는 자세를 하였다. 그러나 책상 임자는 홀홀히 그의 수단에 걸리지 않을 뿐더러 개궂하게 얼굴을 찡그리고 두어 마디 호되게 꾸짖고는 옆 동관을 바라보며 목소리를 낮추었다.

"귀찮은 짐승——꼬락서니하구 꼭 무엇 같지 않은가?"

옆 동관은 가련한 짐승을 바라보며 은근한 미소를 띠고 같이 낮은 목소리로 응답한다.

"아무렴, 똑 떼붙였지. 잔망한 것이며 암팡진 것이며 발발한 꼴이 주인 아씨를 붓으로 그려놓으면 그렇겠나."

"사냥개와 발발이가 어쩌면 그렇게도 감쪽같이 주인 양주의 모습을 서로 닮는단 말인가?"

"하긴, 짐승을 기르자면 보람 있게 그렇게 기를 것이야."

모르는 결에 깔깔깔깔 웃음이 터진다. 떨어져 있는 동관들에게도 급기야 웃음이 옮아버렸다. 참을 수 없는 웃음은 짐승의 주인인 동관 양주의 체격과 성격의 희극적 대조에서 오는 것이었다. 물론 양주의 간특한 사교가 평소부터 동관들의 미움을 사고 있었던 것에도 원인은 있다. 웃음이 수습되기도 전에 문제의 주인공인 짐승의 주인이 들어왔다.

그는 '치로'를 보고 웃음을 들은 순간 거의 즉각적으로 민첩하게 그 자리의 공기를 느낀 모양이었다. 검도 삼 단의 이십 관에 가까운 유들유들한 몸집에 피가 솟아 짐승의 목덜미 같은 얼굴이 금세 시뻘겋게 질렸다. 불쑥 돋아난 두꺼운 입술이 떨리고 조그만 눈이 살기를 띠더니 기어코 고함이 터져 나왔다.

"나가라, 이놈의 짐승!"

분풀이는 '치로'에게로 쏠렸다. 겁에 떠는 짐승은 엉겁결에 책상 아래로 숨어버렸다. 주인은 분이 머리 끝까지 뻗쳐 재차 소리를 치며 책상을 차니 짐승은 하는 수 없이 그곳을 빠져 발발발발 문께로 달아나 구르는 방울같이 밖으로 사라져버렸다.

"안된 짐승!"

주인의 성은 좀체 풀리지 않는 모양이었다. 뚜벅뚜벅 책상 앞으로 걸어가 의자를 드르륵 끌고 풀썩 주저앉는──그 모든 거동이 거칠고 퉁명스럽다.

"노여워할 것이 있소, 애매한 짐승을."

보기 거북하여 동관의 한 사람이 말을 걸었으나 위인은 들은 체 만 체하고 입술만을 불쑥 내밀었다. 아마도 집에 돌아가 야단과 단속이 심하였던지 '치로'는 다음날부터 잠시 동안은 사무실에 까딱 자태를 내놓지 않았다.
 주인에 대한 애증의 심리는 기른 짐승에게까지 흔히 비치는 모양이다. '치로'는 주인에게 대한 동관들의 미움의 감정의 희생을 당한 셈이다. 집에 가 분풀이로 흠뻑 얻어맞았을 애매한 짐승의 꼴이 가엾게 생각된다.
 오정때가 되어도 꼴을 보이지 않는다.
 '치로'는 시계같이 정확하지 못해졌다.

뛰어들 수 없는 거울 속 세계

 호화로운 저택의 객실 같기도 하고 만 톤급 기선의 살롱 같기도 한 크고 사치한 방이나, 손님이 아닌 나는 어떻게 하여 그 속에 뛰어들어갔는지 물론 모른다. 괴이한 것은 방 한편 벽이 전면 거울로 된 것이다. 거울이면서도 맞은편 벽과 방 안을 비추어내는 법 없이 일면 희고 투명한 거울——그러면서도 사람의 자태만은 비추어주는 일종 무한의 세계로 통하는 야릇한 문과도 같은 그런 거울이었다.
 거울 속에 뚜렷이 솟아 선 자신의 자태를 눈부신 느낌으로 바라보고 있는 동안에 그 넓은 스크린 속에는 돌연히 한 사람의 소녀가 어디선지 나타났다.
 그는 비추어진 그림자가 아니요, 정체 없는 그림자만의 그림자였으니, 나는 아무리 방 안을 휘둘러 보았어도 그의 정체를 찾을 수는 없었다. 물론 얼굴조차 알 바 없으나 그리스 신화 속의 사이키와도 같이 아름답고 귀여운 그 소녀는 거울 속에서 나에게 손짓하며 부르는 것이다.

커다란 유혹이었다. 그러나 정체 없는 그를 거울 밖 현실 속에서는 잡을 수 없는 노릇이므로 거울 속에서 그를 붙드는 수밖에는 없었다. 거울 속에서 붙든다는 것은 내가 거울 속으로 들어가야 함을 의미한다. 나는 그것을 깨닫고 두려워하면서도 결심하였다.

 소녀는 한결같이 부른다. 나는 거울 가까이 가서 몸을 바싹 대어보았다. 그러나 거울은 기체도 아니요, 액체도 아닌 이상은 방패와 같이도 굳은 뜻으로 나의 몸을 거역함은 당연한 일이었다.

 나의 전신과 똑같은 또 하나의 전신이 앞에 와 딱 붙어 서서 나와 똑같은 시늉과 표정을 하는 것이다. 두 육체 사이에는 투명한 백지 한 장이 놓였을 뿐이다. 나는 그 백지를 뚫고 건너편 육체와 일치하여야 된다. 먼 저편에서는 소녀가 한결같이 손짓한다.

 네 활개를 펴고 거울에 붙어 서서 맞은편 육체를 바라보며 나는 힘을 썼다. 이상한 일이다. 딸깍 소리가 나며 나는 거울을 넘어 맞은편 육체와 합하였다. 물과 물이 합치는 것 같은 감쪽같은 일치였다. 거울이 부서지는 법도 없고 내 몸이 상하지도 않고 마치 일광이 투명한 유리를 뚫고 들어가듯이 나는 거울 너머 세상으로 들어간 것이었다. 구멍을 뚫고 들어간 것이 아니라 일광같이 비치어 들어간 것이다.

 들어서기가 바쁘게 들어온 뒷자취를 돌아볼 여유도 없게 사이키의 손이 날쌔게 와서 나를 붙들자 두 몸은 쏜살같이 떨어지기 시작하였다──거울 너머 세상은 발 붙일 곳 없는 무한한 허공의 세상이었다. 눈부신 새파란 창공을, 두 몸은 날개를 얻어 지향 없이 훨훨 날았다. 자유의 혼이었다.
 바람이 가슴 아래 채이고 전신이 물같이 비었는데 오금이 녹을 듯이 근실근실한 아래로 멀리 바라보이는 것은 바다였다. 바다와 하늘이 한 빛이어서 두 눈을 뚫어 패일 듯이 푸르고 차고 아물아물한——그 무서운 단조를 깨뜨리는 것은 가끔 발 아래를 스치는 흰구름의 떼였다. 구름은 안개같이 싸늘하게 몸을 둘러싸곤 하였다.
 이윽고 해변이 보였다. 구불구불 뻗은 모래톱이 바다와 육지와의 사이에 외줄의 흰 선을 그었다. 갈매기의 무리가 우리보다도 훨씬 얕게 해변을 날았다. 연해를 항해하는 장난감 같은 조그만 기선이 가는 연기를 뿜으며 움직이는 운치도 없이 벌레같이 슬금슬금 기어 간다. 확실히 사람 사는 세상임에는 틀림없었다.
 우리는 으늑한 해변의 한 곳을 점치고 내리기로 하였다. 낙하산으로 떨어지는 것같이 사뿐하게 가볍게 모래 위에 내려섰다.
 놀란 것은 내려서 보니 몸에 감았던 옷이 없어졌음이다. 나는 동안에 옷은 한 꺼풀 한 꺼풀 벗겨져 모르는 결에 발가숭이가 된 것이다. 더 이상스러운 것은 옷을 벗었음에도 부끄러운 생각이 조금도 없음이다.
 해변에서 며칠을 지냈는지 몇 달을 지냈는지 헤아릴 수 없다. 첫째 그곳의 하루는 결코 이 세상의 하루가 아니었다. 그곳에서 지낸 며칠이 이곳의 몇십 년 맞잡이가 되는지도 모른다. 그곳에서는 시간도 무한 속에 녹아버려 분명한 관념과 구분이 없다.

해변 생활에 흡족한 우리는 다시 날개를 얻어 날기 시작하였다. 거울 이쪽 세상으로 돌아오자는 것이다. 물론 무한의 세상이므로 길표도 없고 장승도 없는 왔던 길 같기도 하고 첫 길 같기도 한 창공을 날고 날아 거울 있는 곳까지 이르렀다.
 사이키는 거울 이쪽 사람이 아니므로 나는 눈물의 작별을 짓고 혼자 거울에다 몸을 붙였다. 들어갈 때와 같은 요령으로 나오려는 뜻이었다. 몸이 무슨 조화로 광선같이 감쪽같게 거울을 새어나오나를 아울러 관찰하려고 정신을 차리고 몸에 힘을 주었으나, 거울은 그런 관찰을 거절하는 듯이 몸의 힘을 못 이겨 와싹 깨뜨려지고야 말았다. 요란한 소리에 잠이 깨었다.
 육체와 영혼과의 지경은 사람에게는 언제든지 비밀이요, 현실과 무한과의 접촉점은 열리지 않는 신비의 문인가보다.

나의 수업 시대
—— 작가(作家)의 올챙이 때 이야기 ——

일곱 살 전후하여 가정과 사숙에서 소학을 배울 때 여름 한철이면 운문을 읽으며 오언절구를 짓느라고 애를 썼다. 즉경(卽景)의 제목을 가지고 오로지 경물(景物)을 묘사할 적당한 문자를 고르기에만 골몰하였으니 시적 감흥이라는 것보다는 식자(植字)에 여념이 없었던 셈이다. 오늘의 문학에 그다지 도움된 바 못 되나 그러나 표현의 선택이라는 것을 배웠다면 이 시절의 끼친 공일는지도 모른다.

열 살 남짓해서 신소설 《추월색》을 읽게 되었으니 이것이 이야기의 멋을 알고 문학이라는 것을 생각하게 된 처음인 듯하다. 추운 시절이면 머리맡에 병풍을 둘러치고 어머니와 나란히 누워 《추월색》을 번갈아가며 되풀이하여 읽었다. 건넌방 벽장 속에는 《사씨남정기》, 《가인기우》 등속의 가지가지 소설책도 많았건만 그 속에서 왜 하필 《추월색》이 그다지도 마음에 들었는지 모른다. 병풍에는 무슨 화풍인지 석류, 탁목조(啄木鳥) 등의 풍경 아닌 그림이 폭마다 새로워서 그 신선한 감각이 웬일인지 《추월색》의 이야기와 어울려서 말할 수 없이 신비로운 낭만적 동경을 가슴 속에 심어 주었다. 정임과 영창의 비극이 시작된 것은 동경 상야공원이었으나 웬일인지 그 상야공원이 마음 속에는 서울로만 자꾸 짐작되었다. 어렸을 때에 본 어렴풋한 서울의 기억과 아름다운 이야기가 한데 휩쓸려서 멋대로의 꿈을 빚어낸 것이었다.

네 살 때에 가친의 뒤를 따라 일가는 서울로 옮겨왔다. 약관(弱冠) 전에 고향을 떠난 가친은 서울서 수학한 후 이어 조그만 사관(仕官)의 자리에 있으면서 벤자민 프랭클린의 전기 등을 번안 저술하고 있었다. 그 뒤를 따라 수백 리의 길을 가마 속에서 흔들린 것이다. 25, 6년 전의 서울——지금으로부터 돌아보면 순전히 이끼 낀 전설 속의 거리로밖에는 기억되지 않는다. 푸른 한강을 조그만 귀웅배로 건넜다. 예배당에서 찬미가를 부르던 엉크린 양녀의 얼굴이 유난히도 인상적이었다. 저녁때면 원각사 근처에서 부는 날라리 소리가 그 부는 이국적 환영을 싣고 찬란하게 흘러왔다. 모든 객관(客觀)을 옳게 받아들일 능력이 없고 다만 경이의 눈만을 굴리게 된 어린 마음에 모든 것이 이상한 것으로만 보였다.

이런 네 살 때의 어렴풋한 기억에다 낙향한 후 어머니에게서 가지가지의 이야기를 듣는 동안에 마음 속에 아름다운 꿈의 보금자리가 잡히게 되었으며 그 꿈의 보금자리에 《추월색》의 아름다운 이야기가 들어와서 말할 수 없는 낭만적 동경을 싹트게 한 것인 듯하다. 정임과 영창의 애끓는 이야기는 서울 안에 얼마든지 흩어져 있을 것이요, 그 이야기의 배경 되는 가을 달빛에 비친 상야공원의 풍경 또한 서울의 구석구석에 있으려니 생각되었다. 참으로 《추월색》이야말로 이야기의 아름다움을 가르쳐주고 어린 감성에 낭만의 꿈을 부어준 문학의 첫 스승인 셈이었다.

물론 그 후 열네 살 때에 수학하러 서울로 다시 왔을 때에는 이런 어린 때의 동경의 꿈은 조각조각 부서져 버리고 점차 산문정신에 눈뜨게 되었다. 서울은 결코 가을 달빛에 비친 상야공원이 아니었으며 정임과 영창의 기구한 이야기 또한 길바닥에 흔하게 떨어진 이야기도 아니며 그다지 아름다운 것만도 아니었다. 환멸이 있고 산문이 있을 뿐이었다. 하기는 그때부터 현실을 알게 되고 리얼리즘을 배우게 되었는지 모른다. 고등 보통학교에 들어갔을 때 처음 읽기 시작하고 또 통독한 것이 우연인지 어쩐지 다 제쳐놓고 하필 체호프였다.

14, 5년 전 조선 신문학의 초창기였던 만큼 일반으로 문학열이 지극히 높았던 모양이다. 학교 기숙사 안에서도 전반적으로 문학의 기풍이 넘쳐서 자나깨나 문학이 아니면 날을 지우기 어려우리만큼한 기세였다. 학교의 학과에도 시달리는 형편이면서도 누구나 수삼 권의 문학서를 지니지 않은 사람이 없었으며 모여만 들면 문학담에 열중하였다. 사(舍) 안에는 학교만 나가면 반드시 훈도가 되어야 할 필정(必定)의 의무를 띤 사범과생이 거의 전수(全數)였고 그들의 목표는 이미 고정된 것이었건만 문학열은 오히려 그들의 독차지인 감이 있었다. 우연히 한 개인의 문학에 능숙(能熟)한 교

유(教諭)의 지도자 영향을 받았던 탓도 있었겠지만 더 많이 당시의 그러한 필지적(必至的) 조세(潮勢)에 놓였던 것이 사실이고 루소의 《에밀》을 탐독한 것은 오히려 교육적 관심에서 나왔다고 하더라도 허다한 러시아〔露〕 문학서의 섭렵, 각국 번역시의 애독은 비교적 높은 문학적 관심 없이는 못할 노릇이다.

때마침 도쿄 문단에서는 시가 전성이어서 신조사(新潮社) 판이었던지 하이네, 괴테, 휘트먼을 비롯하여 트라우벨, 카펜터에 이르기까지 세계의 시인을 망라하다시피 하여 출판한 《수진시집(袖珍詩集)》이 유행하여 왔었으니 그 수많은 시집들은 애독서 중에서의 가장 큰 부문이었다. 조금 특수한 부문으로는 에머슨과 니체를 거의 전공하다시피 하는 이도 있었다. 소설로는 하디와 졸라 등 영·프의 문학도 읽히지 않은 바는 아니었으나 러시아 문학의 열을 따를 수는 없었다. 푸슈킨, 고리키를 비롯하여 톨스토이, 투르게네프 등이 가장 많이 읽혀서 《부활》이나 《그 전날 밤》의 이야기쯤은 입에서 입으로 옮겨져서 사내(舍內)에서는 거의 통속적으로 전파되게 되었다. 전체적으로는 섭렵의 범위가 넓어서 기숙사는 참으로 세계문학의 한 조그만 문고였고 감상의 정도로 하여도 다만 제목만 좇으매 수박 겉만 핥는 정도가 아니요, 음미의 정도가 상당히 깊어서 거개 소인(素人)의 경지를 훨씬 뛰어난 것이었다. 진귀한 현상이었다. 지금에 문필로 성가한 분은 불행히 총 중(叢中)에 한 사람도 없기는 하나 특수한 편으로는 그 후 도쿄 모 서사(書肆)에서 장편소설을 출판한 이도 있었다. 이상한 것은 그들은 대개 관북인

(關北人)이어서 관북과 문학——특히 러시아 문학과의 그 무슨 유연 관계나 있는 듯이 보이게 하였다. 당시 문단적으로는 관북인으로 파인(巴人)이 시인으로서 등장하였고 서해(曙海)의 이름이 아직 눈에 띄지 않았을 때였다.

이러한 분위기에 휩쓸려 지내게 된 까닭에 문학적으로 자연 미숙한 감이 없지 않았다. 처음으로 알뜰히 독파한 소설로는 소년 소설 《쿠오레》였다. 흑암루향(黑岩淚香) 번안의 《레 미제라블》에서는 파란중첩한 이야기의 굴곡에 정신을 못 차렸고 하이네 시에서는 서정에 취하였고 그의 반역자인 생전춘월(生田春月)에게서 감상주의를 배웠다. 문학잡지로서 도움이 된 것은 역시 신조사 간행이었던가의 월간지 《문장구락부》였다. 처음 습작은 시여서 기숙사에서 지낸 몇 해 동안 조그만 노트에 습작 시가 가득 찼었다. 사(舍)의 앞과 옆에는 수풀과 클로버의 풀밭이 있어서 늦봄부터 첫여름까지에는 거기에 나가 시집을 들고 눕기도 하고 새까만 버찌를 따서 입술을 물들이곤 하였다. 때마침 거리에는 가극단이 와서 《레 미제라블》의 몇 막을 무대로 보이고 연극 극단에서는 톨스토이의 《산 송장》 등을 상연하여 문학심을 더한층 화려하게 불질렀다. 어떻든 주위의 자극이 너무도 세었던 까닭에 16, 7세경에는 세계문학의 윤곽이 웬만큼 머리 속에 잡혔고 세계 문호들의 인명록이 대충 적혔었다. 그러나 지금 생각하면 그러한 숙학(夙學)이 도리어 화된 듯도 하다. 선불리 윤곽을 짐작하게 되고 명작들의 경개(梗槪)를 기억하게 된 까닭에 소성에 안심하고 그 후 오래도록 많은 고전을 다시 완미 숙독(玩味熟讀)할 기회를 얻지 못했던 것이다.

체호프의 작품을 거의 다 통독한 것이 고등 3, 4년급때 16, 7세경이었으니 무슨 멋으로 하필 그맘때 체호프를 그렇게 즐겨했는지 모른다. 미묘한 작품의 향기나 색조까지를 알았을 리는 만무하고 아마도 개머루 먹듯 하였을 것이나 어떻든 끔찍이도 좋아하여 검은 표지의 그의 작품집과 그의 초상화를 몹시도 아껴하였다. 좀더 철 늦게 그를 공부하였던들 소득이 많았을 것을, 잘 읽었든지 못 읽었든지 한번 읽은 것을 재독할 열성은 없어서 지금까지 그를 숙독할 기회를 못 얻은 것은 한 손실이라고 생각한다. 퇴직 육군사관 알렉세이 셀게이비치 무엇 무엇 무엇은…… 식으로 첫머리가 시작되는 그의 소설을 당시에는 얼마간 어설프고 지혜 없는 시고법(始稿法)이라고 생각하였으나 지금으로 보면 그것으로서 충분히 훌륭한 것이다. 이 정도의 당시의 문학안(文學眼)이었으니까 감상에 얼마나 조루(粗漏)가 있었던가를 짐작할 수 있으나 그러나 그에게서 리얼리즘을 배운 것은 사실일 것이다. 체호프가 리얼리즘의 대가임은 사실이며 그의 작품이 극도로 사실주의적이기는 하나 그러나 그의 작품같이 소설로서 풍윤(豊潤)한 것은 드물다. 아무리 '지리한 이야기'라도 소설로서는 무척 재미있는 것이 그의 문학이다. 리얼리즘이라고 하여도 훌륭한 예술일수록 그 근저(根底)에는 반드시 풍순(豊醇)한 낭만적 정신과 시적 기풍이 흐르고 있는 것이니 체호프의 작품이 그 당시의 것으로는 그 전형인가 한다. 그러기 때문에 체호프의 작품에 심취하는 마음과 투르게네프의 《그 전날 밤》이나 혹은 위고의 제작(諸作)을 이해하는 마음과의 거리는 그다지 먼 것이 아니다.

체호프를 읽기 전후의 한 가지의 기벽(奇癖)은 웬 까닭으로였던지 작품에서 반드시 모럴을 찾으려고 애쓰고 교훈을 집어내려고 초조하였던 것이다. 어디서 배운 버릇이었던지 모르겠으나 이 또한 문학 완미(玩味)에는 큰 장해였으며 당시 문학안(文學眼)의 저열(低劣)을 말하는 예증 이외의 아무것도 아니었다. 《햄릿》을 읽으면 무엇보다도 먼저 그 작품의 중심 되는 모럴이 무엇인가를 알려고 헛되이 애썼으며 《베니스의 상인》을 읽을 때에는 우정미를 고창(高唱)하려고 한 것이 제작의 동기가 아니었던가 하고 생각하였다. 체호프의 작품을 읽을 때에 또한 그러하여서 《사랑스런 여인》에서는 사랑의 본능적 욕구라는 훈의(訓意)를 찾아내고서야 마음이 시원하였다. 그러나 이런 태도로 자여(自餘)의 많은 체호프의 작품을 옳게 이해하고 감상할 수는 도저히 없었던 것이다. 제작의 진가가 반드시 교훈적인 것이 아니며, 보다 더 중요한 것은 여러 가지의 예술적 요소라는 것을 안 것은 물론 훨씬 후의 일이었다.

예과의 수험을 준비하던 마지막 학년 십팔 세 때 준비관계를 겸하여 영문으로 셸리의 시를 탐독하게 된 것이 다시 시에 미치게 된 시절이었다. 글자대로 미쳤던 것이니 그의 단시를 기계적으로 모조리 암송하였던 것이다. 진짬 멋을 알고 하였는지 모르나 술에나 취한 듯이 그의 시에 함빡 취하였다. 기괴한 것은 그 심취는 그의 문학으로부터 든 것이 아니라 그의 용모에서부터 든 것이다. 셸리의 초상화에 반하고 그의 전기에 흥미를 느꼈던 까닭에 그의 문학에 그렇게 열정적으로 들어갔던 것이다. 우스운 사실이나 그런 법도 있는가 생각된다. 셸리에게서 열정을 배웠다면 다음에 아름다운 꿈 꾸는 법을 배운 것이 예이츠에게서였다. 그에게 기울인 열 또한 셸리의 경우에 떨어지지 않았다. 나는 그의 시들 모두를 따라 외우곤 하였다. 예이츠의 꿈같이 아름다운 것은 없어 시인다운 시인으로 참으로 그는 고금독보(古今獨步)의 감이 있다. 예이츠의 다음에 찾은 작가는 싱그였으니 그에게서 다시 아름다운 산문을 발견하게 되었다.

이렇게 시에서 산문으로 다시 시에서 산문으로 옮기는 동안에 문학이 자랐으며 꿈과 리얼리티가 혼합된 곳에 예술이 서게 된 듯하다. 아무리 리얼리즘을 구극(究極)하여도 그 속에는 모르는 결에 꿈이 내포되는 법이니 그것이 인간성의 필연이며 동시에 예술의 본질인지 모른다. 조선 문학에서는 《추월색》이후 오랫동안 잊었던 낭만의 꿈을 빙허(憑虛)의 《지새는 안개》에서 다시 찾았던 것이다. 그 작품에서 받은 인상은 유심히도 아름다웠다.

예과에 들어서부터 창작기가 시작되었으나 오랫동안 혼자 궁싯거렸지 문단과의 인연을 맺을 길은 당초에는 생각지도 못하였다.

미른의 아침

　교실의 가을도 역시 능금에서 시작되는 듯하다. 이른 아침 첫시간 강의가 막 시작되려 할 때 학생의 주머니 속에서 별안간 익은 능금 한 개, 어떻게 된 서슬엔지 솟아나와 비스듬히 경사진 교실을 굴러내려 교탁 앞까지 이르자 학생은 기급을 할 듯이 일어나서 그 주책없는 가을의 앞잡이를 황급하게 주머니 속에 수습하고 겸연쩍은 얼굴로 자리에 앉았다. 교실 안에는 웃음이 터지고 어린아이 아닌 그 학생의 얼굴은 약간 붉어졌다. 길게 자란 그의 머리와 안경과 가까이 보면 수염까지 있을지 모를 그의 얼굴이 새삼스럽게 바라보였다. 허물없는 그 한 폭의 정경은 문과 교실만이 가질 수 있는 것인지도 모르나 어떻든 교실의 가을과 가을의 웃음이 그 한 개 능금에서 온 것도 한 아름다운 시절 인연인 듯하다.
　창 밖에는 가을 하늘이 맑고 누렇게 물든 백양나무가 깨끗하다. 후정에는 반세기나 자란 아름드리 사탕(砂糖) 단풍의 가을 풍채가 풍준하고 시든 잔디 속에 푸른 목초(牧草)가 선명하고 먼 운동장 기슭에서는 풀먹는 양의 자태가 희고 외롭다. 학교 문제가 어지러운지 벌써 해를 거듭하였다. 근심이 있고 파란이 있고 곡절이 굽이쳤다. 그러나 지내놓고 보면 결국 모든 것이 마음의 문제였고 객물(客物)은 아직까지 그대로 남아 있을 뿐이다. 마음의 설렘을 비웃는 듯이도 모든 것이 그대로다. 수목도 그대로요, 교실도 그대로요, 수업도 여전히 계속된다. 마음에 비길 때 객물은 항상 침착하고 냉정하고 더디다. 문 밖에서 아무리 설레든 간에 가을 교실에는 가을의 수업이 있을 뿐이다.

능금과 웃음으로 시작된 교실에서 읽을 가장 적당한 교재는 미른의 수필인가 한다. 혹은 미른의 수필 그것이 그 정도의 마음의 준비로 읽어서 족한 것이라고 하여도 좋을는지 모른다. 불손한 말이 아니라 그의 문학적 성격이 그것을 암시하는 것이다. 계절을 말하고 생활을 적을 때에 그는 투명한 필치와 정리된 문장 속에 항상 가벼운 웃음과 명랑한 재기를 준비한다. 지나쳐 험상궂고 엄숙하고 심각하지 않은 부드럽고 간명한 유머 속에 인생의 진실을 찾으려고 하는 것이 그의 문학적 태도인 듯싶다. 바다를 말하고 여름을 말하고 과실을 말하고 가을을 이야기하고 노변의 정서를 이야기할 때 그 어느 구절에도 가벼운 생활의 실감이 있고 웃음의 매력이 있음을 본다.

가을을 적을 때에 그는 굳이 단풍과 이른 아침의 싸늘한 감촉과 안개 낀 저녁을 말하지 않는다. 간밤의 식탁에 놓였던 한 대의 셀러리에서부터 가을 이야기를 풀어낸다. 흰 접시에 푸른 셀러리를 담고 그 속에 한 조각의 빵과 한 덩이의 버터와 모서리의 치즈를 담은 풍취를 말하고 겹겹으로 펼쳐진 셀러리의 아취, 고슬고슬한 흰 싹이 이 사이에 바작바작 씹히는 감각과 그 풍미에——그는 가을의 진짬 맛을 느낀다. 셀러리의 풍취가 있기 때문에 그는 벌써 즐거운 여름이 지나가는 것을 슬퍼하지 않는다. 가을을 즐기고 이어 닥쳐올 겨울을 침착하게 기다리겠다고 장담한다. 맑은 날과 긴 저녁과 즐거운 노변을 찬미한다.

투명한 행문(行文)에서 우러나오는 가을의 감각으로 아침 교실은 맑고 즐겁다. 문 밖이 아무리 설레든 간에 교실 안만은 항상 침착하고 성스럽다. 미른의 수필과 함께 요란한 속에 있는 교실의 운명이 더욱 즐거워가고 길이길이 영광스럽기를 빈다.

"……Life shall be lived well. The end of summer is not the end of the world. Here's to October and, waiter, some more celery."

인물 시험

소년 시대로 돌아가서 인생의 출발을 고쳐 할 수 있다고 한들 나는 반드시 그 재출발의 길을 원하지 않을 듯싶다. 무수히 거쳐온 뭇 시험의 자취를 생각하면 진저리가 난다. 학교 시대의 입학, 학기, 학년, 각 시험을 합하면 아마도 거의 백 번에 가까운 수효를 지나 왔을 것이요, 중에는 충분한 자신과 자랑을 가지고 겪은 시험도 있기는 있으나 거개가 귀치 않고 무거운 것이었다. 물론 그것으로써 인생의 시험이 끝난 것은 아니요, 앞으로도 수많은 시험의 고개가 등대하고 있을 것이나 붓대를 꼼지락거리며 답안지를 어지럽히기에 정신을 쏟거나 구술 시험원 앞에 서서 눈총을 맞는 행사는 평생에 두번 다시 오지 말기를 원한다.

이런 원을 가진 몸으로 도리어 그 귀문인 시험관이 되어서 사람을 시험하게 된 모순을 생각하면 인간율의 풍자란 심술 궂기 한이 없는 모양이다. 반생 동안 받아 온 고달픈 시험의 분풀이로 요번에는 후생들을 마음껏 괴롭히고 복수해 보라는 자연의 명령일까.

여러 해 동안의 교원생활로 허물없는 후배에게 괴롬도 퍽은 끼쳐준 셈이나 다른 시험은 다 고사하고 입학 시험 때 영어 문제의 까다로운 단어와 행문을 번역하면서 힘에 부치는 친구들은 얼마나 나를 원망했을까를 생각하면 율연해진다. 학술 시험 성패의 항의는 그래도 실력주의 본위를 방패삼아 물리칠 수 있으나 인물 시험에 이르러서는 참으로 그 일임을 맡기에 자신 있는 사람이 누구랴. 인물 시험의 시험관 된 것을 나는 대단한 불행으로 여기지 않으면 안 되었다. 사양하다 못해 하는 수 없이 주임교수와 수신교수 속에 한몫 끼여 시험실 소파 속에 푹신히 묻히게 되었던 것을 생각하면 부끄럽기 짝없다. 현재 맡고 있는 어학의 교수가 정신 교육, 정서 교육의 계열 속에 섰다고 보여진 까닭에 참가를 권고받은 것이다. 조금도 고맙거나 자랑스러울 것이 없는 것은 영화 회사의 여배우의 채용 시험이란들 반반한 낯을 끌어낼 자신이 없는 것은 아니나 얼굴보다도 더 중요한 것을 보아야 한다는 입학 시험에서 소홀한 인상 채점으로 공정을 잃을 것이 첩경 쉬우니 말이다. 주임과 문답하는 수험생의 태도를 옆에서 보고 인물의 갑을 흑백을 숫자로 기입하는 것이다. 세상에서 이보다 어려운 일이 있으랴. 앞에 와 서서 부동의 자세로 명확하게 응답하는 그들의 태도는 일률로 다 심성스럽고 겸손해서 그것과 이것과의 차이는 거의 없는 것이다. 그야 내딴의 채점의 표준과 격식이 있기는 하나 그것으로 반드시 정곡을 맞혔다고는 볼 수 없는 것이며 까딱하다가는 의외의 착오를 범할는지도 모른다. 제 요량대로 들여다본 심리란 소설 속에 우여곡절을 다해서 쓸 때 허물없는 것이지 입학 시험부 속에 기록할 것은 못 되니 소설의 명장 모파상이나 도스토예프스키가 반드시 명시험관이 되리라고는 생각할 수는 없는 것이다.

하루 동안의 인물 시험은 격렬한 투쟁이어서 속을 뽑으려거니 안 뽑히려거니 긴장된 순간의 연속으로 해서 육신이 말할 수 없이 피곤할 뿐만 아니라 나중에는 안계에 무수히 아물거리는 단정한 대상들의 초점의 착각으로 말미암아 채점이 준거가 뒤틀리고 표준이 어그러져 모두 착해도 보였다, 악해도 보였다 하는 것이다. 시관(試官)의 말을 들은즉 그 중 아물거리는 착각에는 하는 수 없이 결국 문을 들어서는 수험생의 순간의 자세에다 준거를 두는 등 별별 고심을 다했다는 술회이다. 사람을 시험하기가 얼마나 어려운 일인가를 깨달았으며 인생에 미흡한 몸으로서 그 임에 당함이 얼마나 위험하고 부끄러운 일인가를 느꼈을 뿐이다.

도시 시험이라는 것이 현명하면서도 어리석은 것이어서 다만 국한된 부문 안에서 한 방편에 지나지 못하는 것이지 시험의 결과 완전무결한 재단을 내리기는 인간 능력에 소속되는 것이 아닐 듯싶다. 급제의 판정이란 한 기회에 지나지 못하는 것이요, 입학 인물 시험의 급락이 반드시 인간으로서의 급락은 못 될 것이다. 사회의 급제생 속에도 기실 열등생이 많으며 낙제생 속에 도리어 얼마나 많은 뛰어난 사람이 있을지는 이루 헤아릴 수 없다. 고식적인 방법에 지나지 못하는 시험의 관문을 들었다고 신입생은 반드시 기뻐할 것이 못 되며 낙제생이라고 슬퍼할 것은 없는 것이다.

만습기(晩習記)

　삼십을 겨우 접어든 주제에 나이를 거들기가 낯간지러운 일이나 늦게 배운 끽연의 습관을 생각할 때 나는 나이와의 관련을 생각하지 않을 수 없는 것이 삼십에 겨우 담배를 익혔다는 것이 끽연의 습성으로서는 결코 이른 편이 아니고 만습의 감이 없지 않기 때문이다. 삼십과 끽연——삼십에 담배 맛을 안 것이다. 그 쓰고 떫고 향기로운 맛을 비로소 안 것이다. 향기롭다고 해도 꽃의 향기도 아니요, 박하의 향기도 아니요, 소년의 향기도 아닌 어른의 향기의 맛을 비로소 알고 어른의 세계에 비로소 들어온 것이라고나 할까.
　어릴 때 담배의 세상과 아주 멀리하고 지낸 것은 아니나 종시 두려워서 그것에 이르지 못했고 진짬 맛을 익히지 못했다. 동갑짜리들이 맛을 알고선지 모르고선지 제법 궐련을 앙도라지게 뽑아 물고 해숭대는 것을 보면 그것이 장한 일만 같이 보여서 얼마나 부러웠는지 모른다. 사탕은 먹을지언정 담배는 기어코 붙이지 못한 재주의 미흡을 얼마나 탄식했는지 모른다. 그 장한 경지에 지금에야 이르러 맛을 알고 나니 어릴 때 그까짓 무엇을 그닷 탄식했던고 하는 생각조차 나면서 이제는 제법 활연한 해오(解悟)의 길을 접어든 듯싶다.

미른의 수필을 읽으면 그는 여덟 살 때 처음으로 담배를 시험했고 열여덟 살 때부터 정식으로 그 관습을 시작했던 듯하다. 담배도(道)로서는 비교적 숙성한 편이요, 그에게 비하면 우리 같은 것은 만성의 축에 들지 않을 수 없다. 그러면서도 아직도 그의 소위 파이프당에 속해서 자연과 파이프의 미술적 효과를 더 사랑하는 편이니 시도의 대성적 도달의 길은 요원한 듯하나 그만한 정도의 선후는 덮어버리고 어떻든 쓴맛의 터득을 하고 보면 오십 보 백 보 흡연당이라고 하지 않을 수는 없게 되었다.

냄새만 맡아도 질색이던 것이 식후에는 한 대 그리워졌고 무료할 때 두어 개쯤은 연거푸 태우게 되었다. 입과 몸에 배이는 냄새는 결코 좋은 것은 못 되나 이 흠만을 제한다면 어지러운 법이나 두통이 나는 법은 없다. 단것에 대한 식성이 확실히 줄었으며 그렇게 즐기는 당과류가 도무지 눈에 들지 않는 대신 술의 진미와 커피의 도미(道味)를 깨달은 것과 함께 담배의 맛을 즐기게 된 것이 사실이다. 어린 세계를 솟아나 한층 위로 솟아난 것을 느끼며 굳이 반갑지는 않으나 그렇다고 슬프지도 않다. 자연의 성장에도 당연한 과정이지만 생각하면서 닥쳐온 현재를 향락할 따름이다.

즐기는 담배와 생생한 문학관을 관련시켜 생각해봄이 망발은 아닐 듯싶다. 문학이니, 무어니 요새 그것이 자꾸만 화제가 되고 사회와 세대의 한 제목이 되어가니 우리가 하고 있는 것도 문학인가보다 하고 사실 지난날의 우리의 문학을 들추어서 말할 때 낯이 뜻뜻해지지 않는 문학인이 하나나 있을까.

 오늘 현재의 문학에 대해서도 같은 말을 할 수 있는 것이나 오늘 이전의 문학을 가령 담배 이전의 문학이라고 한다면 그 된 품과 성적이 스스로 밝아질 듯하다. 나남없이 담배를 익히기 이전의 문학이었던 것이요, 쓰고 떫고 향기로운 인생의 진미를 알기 전의 관문의 경지였던 것이다. 이제부터는 경지가 달라졌다. 담배 맛을 익힌 것은 나 한 사람이 아니요, 같은 세대의 동배들도 이제야 겨우 그것을 익힌 때가 아닌가 한다. 쓴 문학 어른의 문학이 나올 것도 지금을 경계로 시작될 듯싶다. 이 문학에 있어서의 만습의 처지도 굳이 슬퍼할 것도 없거니와 기뻐할 것도 없는 것이 이 역 자신의 성장이요, 당연한 과정이니 말이다. 자라는 것은 결국 자랄 대로 자라고야 마는 법이다.

들

 꽃다지, 질경이, 딸쟁이, 민들레, 솔구쟁이, 쇠민쟁이, 길오쟁이, 달래, 무릇, 시금치, 쑴바귀, 돌나물, 비름, 능쟁이, 들은 온통 초록전에 덮여 벌써 한 조각의 흙빛도 찾아볼 수 없다. 초록의 바다. 초록은 흙빛보다 찬란하고 눈빛보다 복잡하다. 땅은 어디서 어느때 그렇게 많은 물감을 먹었길래 봄이 되면 한꺼번에 그것을 이렇게 지천으로 뱉어놓을까. 바닷물을 고래같이 들이켰던가. 하늘의 푸른 정기를 모르는 결에 함박 마셔두었던가. 그것을 빗물에 풀어 시절이 되면 땅 위로 솟쳐 보내는 것일까. 그러나 한 포기의 풀을 뽑아 볼 때 잎새만이 푸를 뿐이지 뿌리와 흙에는 아무 물들인 자취도 없음은 웬일일까.

 꽃다지, 질경이, 민들레…… 가지가지 풋나물을 뜯어 먹으면 몸이 초록으로 물들 것 같다. 물들어야 될 것 같다. 물들어야 옳을 것 같다. 물들지 않음이 거짓말이다. 물들지 않으면 안 될 것 같다. 새가 지저귄다. 꾀꼬리일까. 지평선이 아롱거린다. 들은 내 세상이다.

　언제까지든지 푸른 하늘을 우러러보고 있으면 나중에는 현기증이 나며 눈이 둘러빠질 듯싶다. 두 눈을 뽑아서 푸른 물에 채웠다가 레모네이드 병 속에 구슬같이 차진 놈을 다시 살 속에 박아넣은 것과 같이 눈망울이 차고 어리어리하고 푸른 듯하다. 살과는 동떨어진 유리알이다. 그렇게도 하늘은 맑고 멀다. 눈이 아픈 것은 그 하늘을 발칙하게도 오랫동안 우러러본 벌인 듯싶다. 확실히 마음이 죄송스럽다. 반나절 동안 두려움 없이 하늘을 똑바로 쳐다볼 수 있는 사람이란 가장 착한 사람이거나 그렇지 않으면 가장 용기 있는 사람일 것이다. 그렇게도 푸른 하늘은 거룩하다.

야과찬(野菓讚)
── 하얼빈의 가구(街區) 채원(菜園) ──

  구월 삼일 아침 호텔에서 역까지 나가는 길이 몹시 차서 나는 차 속에서 다리를 덜덜 떨고 있었다. 연일 비기운도 있기는 있었으나 별안간 기온이 내려 냉랭한 기운이 한꺼번에 엄습해온 것이었다. 일주일이 못 가 외투를 입게 되리라는 말을 들으면서 남행차를 탄 것이었으나 향관에 돌아오니 아직도 날이 더워 낮 동안은 여름 옷으로도 땀이 나는 지경이다. 북위 44도의 하얼빈과 이곳과는 남북의 상거가 머니 절기의 차이인들 심하지 않으랴마는 지금쯤은 그 북방의 변도(邊都)가 완전히 가을철을 접어들어 얼마나 풍치가 변해졌을까를 상상하면 지난 짧은 여행의 기억이 한층 그리운 것으로 여겨진다. 거리를 거니는 사람들의 옷치장도 바꾸어졌을 것이요, 여인들의 걸음걸이도 달라졌을 것이며, 나뭇잎들은 또한 얼마나 곱게 물들었을까.
  도대체 수목이 흔한 거리였다. 시가의 남부일대는 속속들이로 나무가 안 들어선 구석이 없으며 특히 마가구(馬家口)

부근의 울창한 가로수의 병렬과 외인 묘지 경내의 우거진 수풀은 도회 속에 전원을 그대로 옮겨놓은 듯한 느낌을 일으키게 한다. 대개가 느릅나무와 백양나무여서 빽빽이 무성한 속에서는 집의 자태조차 빠져버려 그윽하고 으늑한 맛이 격별하다. 생활과 수목의 일원화요, 도회와 전원의 합주여서 한 폭의 아름다운 낙원의 느낌이었다. 그 천 년 대계의 도시의 건설을 계획한 사람들의 유구한 심정은 상줄 만하다. 사람은 쇠와 돌 속에서만 살 수는 없는 것이다. 초목과 친하고 자연과 가급적 벗하는 곳에만 생활의 진진한 재미도 있고 예술화도 있는 것이며 인위와 인공만의 세상은 순일한 사람의 천성을 해함이 크다. 수목 흔한 도회라는 것이 인간 생활의 한 이상이요, 원이 아니면 안 된다.

대륙에서도 유수한 도회에서 도리어 신선한 전원을 느끼고 야성을 맛본 것을 나는 여간한 행복으로 여기지 않는다. 가로의 복판에는 폭넓은 공간이 뻗쳐 있고 공원에는 갖은 기교를 베푼 화단 너머에 자연림이 우거졌고 묘지 내 사원 문구에는 산포도의 덩굴을 빽빽하게 올려 심산의 천연을 그대로 옮겨놓았다. 가구에는 구석구석 꽃묶음 없는 곳이 없으며 '바살'은 가지가지의 야채와 과실로 생생한 채원을 이루었다. 대체로 슬라브의 문화라는 것이 유럽의 그것보다 아직 어린 탓이라느니보다도 본질상 그 속에 야취에 가까운 그 무슨 소인이 있는 듯이 보인다. 건축이나 음식이나 문화의 각 방면에 뻗쳐 정교를 다한 듯이 보이면서도 반면에 있어서 일종의 소박한 야미(野味)를 띠었음이 확실하며 그것이 알 수 없이 마음을 당기고 정을 끄는 것도 사실이다. 무교양인 듯

보이는 발벗은 여인의 그 닦지 않은 품성이 도리어 동감을 자아내는 것이다.

　탁자 위 과실 접시에는 포도와 배와 사과가 담긴 속에 노랗게 익은 낯선 과실이 수북이 끼였었다. 권하는 바람에 한 개를 집어올려 이를 넣으니 금세 군물이 돌며 산미가 입 안에 그득 찼다. 별것 아니라 돌배였다. 산 속이나 들에 지천으로 열리는 야생의 돌배인 것이다. 진귀한 생각이 나서 맛은 어찌 됐든 나는 그 날 밤의 그 야과를 한없이 그리운 것으로 생각했다. 비록 산 속에 지천으로 맺히는 것이라고는 해도 그것을 맛본 기억은 멀리 소년 시대에까지 올라간다. 몇 십 년 동안 다시는 구경도 못 했던 그 돌배를 그 도회의 복판에서 발견할 줄이야 뉘 알았으랴. 대도회의 복판 서구의 치장을 베풀고 근대 음악이 흐르는 한 칸 방 속에서 그것을 찾아낼 줄이야 뉘 알았으랴. 그리운 조그만 노란 열매를 손에 들고 어릴 때의 추억을 불러내고 고향의 야미에 잠긴 것이 별것이 아닌 참으로 그 낯선 도회에서였던 것이다. 낯설기는커녕 그 야경의 인연으로 그곳이 내게는 고향과도 진배없이 여겨졌다. 지금쯤은 얼마나 돌배의 맛이 무르녹았을까? 친밀한 곡선을 느끼면서 나는 지금도 북쪽과 야과를 생각한다.

고도기(古陶器)

 단골로 대놓고 와주는 굴장수 노인은 벌써 보름이나 전부터 겨울 외투를 입었더니 요새는 어느 결엔지 두꺼운 솜옷으로 변했다. 부엌으로 살며시 돌아와서는 내보이는 굴동이가 여름보다는 선뜻하고 차 보인다. 젓을 담그면 이튿날로 맛이 들던 것이 일주일을 넘어야 입에 맞게 되었다. 솜옷 입은 노인의 굴동이와 함께 가을이 짙었다.
 서리 온 뒤의 오랍뜰은 지저분하고 흐린 날이 계속되고 짓밟힌 낙엽이 추접하다. 사무소 앞에서는 묵은 난로의 연통 소제들을 하고 있고 지하실에서는 보일러를 손질하고 검사를 맡는다고 처음으로 불을 땐 것이 경(徑) 네 척의 아이디얼 식의 가마에 물이 펄펄 끓어 실내가 훈훈하건만 이삼 층까지는 아직 증기가 안 온다. 석탄 배급의 제한으로 따뜻한 맛을 보려면 아직도 여러 날을 기다려야 되리라는 것이다. 수로(水爐)에 스팀 안 오는 방은 스산하기 짝없으며 푸른 빛 적어진 창 밖의 풍경도 앙상하고 적적하다. 지난 여름의 추억보다도 겨울의 생각이 절실한 때다.

삼 층이자 지붕 아랫방인 까닭에 천장이 교회당의 첨탑(尖塔)같이 뾰족하게 솟고 네 쪽이 아니라 근 열 쪽이나 되는 벽이 구석구석에서 모가 져서 사각의 상식을 무시하고 다면형(多面型)의 기괴한 방을 이루었다. 철학자는 시인과를 관련시킨 지붕 아랫방의 기록은 낭만성을 솟게 하는 것이나 눈앞에 실상으로 보고 날마다 살게 되는 지붕 아랫방이라는 것은 그렇지 않은 모양이다. 낭만성은 고사하고라도 우선 거처하기 좋은 곳으로 만들기 위해 시절마다 고심하는 것이나 헛것이다.

될 수 있는 대로 마음이 붙게 되도록 집에서 책권도 가져다가 늘어놓고 먹을 것과 마실 것도 구석구석에 준비해두고 책상과 책 궤의 위치도 가끔 이동시켜본다.

서남쪽에 한 폭의 창이 있고 그 아래에 스팀이 와 있는 까닭에 날이 선선해지면서부터 책상을 그 옆으로 바싹 대어놓고 넓은 책 궤로 도어편을 막아버렸다. 소탁 위에 사전류와 백묵갑을 놓고 컵에 노란 야국(野菊)을 꽂았다. 벽에는 괘력(掛曆)과 수업 시간표와 구주전국요도(歐洲戰局要圖) 등을 붙이고 서랍 속에는 과당류가 삐지 않는 것이나 —— 그래도 그 무엇이 부족한 것 같아서 하루 저녁은 거리의 골동품점을 뒤지기로 하였다.

사치하다고는 생각했으나 화병으로 쓸 고도기를 찾자는 것이었다. 옛것을 제대로 바라봄도 좋으나 꽃을 꽂음이 그다지 어색하리라고는 생각하지 않았다. 몇 곳을 뒤지다가 고색이 창연한 한 집에 이르러 알맞은 것을 발견해냈다. 조

그만 독 모양으로 된 흑갈색의 것이 고구려의 것이라는 것이
나 그 연부(然否)는 물론 알 수 없으며 낙랑의 것이거나 고
구려의 것이거나 내게는 그다지 소중한 문제는 아닌 것이며
모양과 색깔이 내 구하고자 하는 것일 뿐이다. 야박하다고
생각하면서도 가격의 반액으로 흥정해 버렸다. 돈을 치르고
났을 때 주인인 듯한 젊은이가 들어왔다. 상재(商材)를 구하
러 강서(江西) 등지의 촌을 종일 헤매다가 늦게 돌아오는 걸
음이 아니었을까. 여인이 반 값에 팔았다는 것을 전할 때 젊
은이는 거의 무표정한 얼굴로 도기를 신문지에 싸기 시작했
다. 깎은 것이 야박스러웠을까, 나는 거듭 뉘우치게 되었다.
 한 개의 헐한 고도기로 인해 방 안이 금세 무게가 생기고
빛나게 되었다고는 생각지 않으나 찬 방 안을 녹이려면 불가
불 스팀이 속히 와주어야 되겠다. 거무스름하게 빛나는 한
고기(古器)를 바라보면서 느끼는 것은── 왜 벌써 고기(古
器)류가 마음에 들게 되었나 하는 것이다. 격에 맞지 않는
것이라고는 생각하면서 검은 도기는 역시 버릴 수 없는 것이
다. 이 마음을 경계해야 옳을는지 믿어야 옳을는지 아직도
모르고 있다.

애 완

고도기(古陶器)를 사랑하는 마음과 가령 고양이를 사랑하는 마음과의 사이에는 어떤 차가 있는지도 모른다. 옛것을 즐겨하게 되는 마음을 그다지 경계하지 않아도 좋은 것은 그것은 고양이를 사랑하는 마음 이상의 것이 아니라—— 도리어 이하의 것임을 안 까닭이다. 수백금의 고물과 한 마리의 얻어온 고양이와—— 두 가지가 다 사랑하는 것일 때 눈앞에서 그 하나를 멸하게 된다면 물론 나는 고물을 버릴 것이다. 고양이의 목숨을 살리기 위해 도기를 아낌없이 없애버릴 것이다. 사실 고양이를 잃어버리느니보다는 만약 그 죽음을 대신할 수 있는 것이라면 차라리 도기를 깨뜨려 버렸으면 한다. 고양이를 잃었음은 이 가을의 큰 슬픔이다.

오랍뜰이 좁은 까닭에 개를 기르는 것보다는 고양이를 기름이 적당하다고 생각해서 첫여름 시골서 사람이 올 때에 어린 두 마리를 수하물로 부쳐왔다. 스물네 시간의 양식과 함께 나무궤에 넣고 화물차에 실어서 수천 리 길을 무사히 온 것이다. 낯선 타관이라 피곤하고 서먹해서 처음에는 비영거렸으나 곧 익어서 제 고장으로 여기고 제집으로 알게 되었다. 뜰에 내려가 꽃포기 속에 숨거나 책상 아래에서 재롱을 부리거나 하는 외에는 방에서나 밖에서나 잠자는 것이 버릇이다. 세상에서 유아와 고양이가 제일 잠 많은 짐승이라는 것이나 아마도 하루의 반 이상을 잠으로 지내는 듯하다. 의자를 하나씩 차지하고는 그 위가 잠터가 되고 밤에는 물론 이불 속으로 기어든다. 앞집에 포인터가 있는 까닭에 근처를 조심스럽게 거닐다가 쫓기기나 하면 쏜살같이 소나무가지 위로 올랐다가 방으로 뛰어들어와서는 책시렁 위에 당그랗게 올라가서는 거기서 또 안연(晏然)히 잠이 든다. 몇 달을 지나니 사람의 표정과 언어를 얼마간 이해하는 것 같다. 방에서 혼자 그만을 상대로 하고 있을 때 확실히 정의 교류가 생겨 사람 이상의 친구가 될 적이 있다. 영리하고 귀여운 동물이다.

고양이를 싫어한다는 사람이 있어서, 이유는 교활한 짐승이라는 것이나 그렇게 말하는 사람 자신이 고양이보다는 열 곱 더 교활함을 알아야 한다. 교활하니 무어니 하는 백 가지의 악덕을 들 때, 사람같이 그 모든 것을 알뜰히 갖추고 있는 동물은 없다. 고양이가 아무리 교활하다고 해도 사람에게는 못 미친다. 이런 선입적 증오는 무의미한 때가 많다. 고양이나 개는 물론 소나 염소나 돼지까지라도 악한보다는 월등 순직하고 아름다워서 사랑하기에 값 가는 것이다.

앞집에서는 쥐를 잡느라고 쥐약을 부엌 구석에 배치해둔 까닭에 그것을 먹은 쥐가 산지 사방에 쓰러진 모양이었다.

고양이는 왜 그리 욕심쟁이인지 내가 야속하게 생각하는 것은 교활함보다도 이 욕심성이다. 쓰러진 쥐를 다친 모양이었다. 가을로 접어들면서부터 별안간 병을 얻어 날로 축해 갔다.

　도서관 아주머니가 간청하는 바람에 눈물을 머금고 한 마리를 양도한 것이 남은 한 마리가 너무 적적해 하는 까닭에 더 자란 후에 주겠다는 약속으로 다시 찾아온 것이 어떻게 된 셈인지 병은 벌써 극도로 쇠했던 것이다. 남만을 원망할 수도 없으나 며칠을 못 넘겨서 목숨을 버렸다. 그 날 아침 나는 잠자리 속에서 두 눈이 더웠다. 부끄러운 김에 얼굴을 돌렸다. 두어 주일이 지났을 때 남은 한 마리도 비슷한 증세인 것이다. 하룻밤 집사람은 보에 싸가지고 수의를 찾더니 소화제인 듯한 산약을 몇 첩 지어가지고 왔다. 설핏 약이 효력이 있을 리도 없어 고양이는 채 이틀도 참지 못했다. 브르제의 소설 《죽음》을 읽을 양으로 책상 위에 놓은 채 잠든 이튿날 아침, 고양이의 몸은 찼다. 무슨 까닭에 거듭 오는 슬픔인고 느끼면서 가슴이 에이는 듯 쓰라리다. 우울한 가을이다.

　슬픔에 대한 동정, 목숨에 대한 사랑인 까닭에 짐승의 죽음은 귀중한 보물을 잃어버림보다도 더욱 가슴을 찌르는 것이다. 슬픔은 사랑에서 온다. 사랑이 없을 때 슬픔도 물론 없다. 사랑하지 않음이 가장 마음 편한 노릇이기는 하나 그러나 슬픔이 클 것을 예상하고 사랑하지 않을 수도 또한 없는 노릇이다. 사랑과 슬픔은 숙명적으로 사람을 얽어매놓는 한 안타까운 인과인 듯도 하다. 개에는 실패한 적이 없었던 것이 고양이에 실패했다. 지금 마음 같아서는 앞으로 다시 기르게 될 것 같지는 않으나 만약 기르게 된다면 양육법을 착실히 연구함이 옳을 것이요, 둘째로는 엉터리가 아닌 좋은 수의(獸醫)가 나오기를 바라야 될 듯하다.

한 식 일

　한식날 묘를 다스리고 돌아와 목욕 재계하고 고요히 앉으니 눈물이 또 새로워진다. 사람은 이 더운 눈물을 가진 까닭에 슬픔을 단적으로 표현할 수 있고 그럼으로써 무한한 슬픔을 얼마간 덜어버리는 것인 듯도 하다.
　자란 사람의 울고 있는 양을 아무도 보고 있지 않음이 다행인지 불행인지 모르겠다. 무진장으로 흘러내리는 눈물은 얼굴과 심정을 어지럽히는 것이요, 그칠 줄 모르는 눈물은 귀하고 아깝기도 하다. 눈물은 슬픔을 맑게 하고 깊게 한다.
　아내를 잃은 지 석 달에 비오는 날이 가장 견디기 어렵다. 비는 사람의 마음을 모방하려는 것이다. 마음 속에 비가 오듯 비도 오는 것이다. 모든 것을 적시고 속으로 깊이 배어든다. 눈물 뒤에 슬픔은 한층 깊고 날카롭게 속으로 파고든다.
　인생은 쓸쓸한 것—— 깊고 쓸쓸한 것이라는 생각을 나는 가장 행복스런 순간에도 느껴왔으나 사랑하는 사람을 잃은 뒤에 이 생각은 더욱 처량하게 마음 속에 뿌리박히게 되었다. 인생은 정작은 쓸쓸한 것이니라. 깊고 외로운 것이니라. 그러나 어쩌는 수 없는 노릇이다. 그저 그러라는 마련이니까.

　시인인 친구는 조문에다가 "우리에게 이상이 있다면 그것은 슬픔을 위하여 살아야 하는 것이외다"라고 적어 보내왔다. 뭇 위로의 글 중에서 이것이 가장 마음에 배어서 잊혀지지 않는 한 구절이다. 경건한 마음이요, 높은 해오(解悟)다. 나도 이것을 믿는 수밖에는 도리가 없다. 어쩌는 수 없는 노릇이니까.

　마음의 마지막 다다름이 슬픔인가보다. 날이 맞도록 슬픔을 마음 속에 응시하고 있노라면 별수없이 나중에는 바닥에 넝마같이 가라앉고야 만다. 저으면 일어났다가 오래되면 다시 가라앉는다. 결국은 영원히 바닥에 남는다. 마치 진하지 않은 정감의 원소인 듯이도.

　남의 죽음을 들을 때에나, 소설의 죽음을 읽을 때에는 슬프면서도 한 구석으로 한 가닥의 안도의 오솔길이 준비되어 있는 법이다. 아직도 내게는 무관하거니 해서. 그러나 몸소 이것을 당할 때 커다란 바위에나 눌린 듯 벌써 도망의 길이 없다. 무쇠 뭉둥이로 후려갈긴 듯도 하다.

　죽음같이 무자비하고 고집스런 침묵이 없다. 세상에 절대가 꼭 하나 있다면 곧 이것이리라. 유기체는 왜 반드시 분해되어야 하는지 애달픈 일이다.

　절대의 침묵 앞에서는 환상도 하잘것없다. 불귀(不歸)의 사실을 알면서야 추억과 꿈이 무엇하자는 것이랴. 내게 만약 기도를 드리는 습관이 있었고 부활을 믿는 믿음이 있었다고 하더라도 슬픔을 지울 수 있을 것인가. 보고 만질 수 있는 것만이 사랑이다. 추억은 한층 안타깝고 서글플 뿐이다. 한 가지의 진정제가 있다. 그것은 다시 유기체의 운명을 생각함이다. 현재 아직도 땅에 남아 있는 누구나를 말할 것 없이 모두 반드시 필경은 작정된 그 길을 떠나야 됨을 생각함이다.

　물론 나도 가야 할 것이다. 모든 인류의 세대가 차차 차차 그 뒤를 따를 것이다. 영원히 어두운 그 속에 절대의 침묵을 지키면서 간 사람과 함께 눕게 될 것이다. 그 총결산의 시간까지 짊어지고 가야 할 세금이 슬픔이다.

　나는 죽음에 대해 얼마간 대담해졌는지도 모른다. 그러나 그지없이 답답한 마음을 가라앉히고 간 사람을 위로하려면 이것을 생각하는 수밖에는 길이 없는 것이다.

1941년 4월 11일

구도 속의 가을

 도회에서는 가을은 신경으로부터 드는 듯하다. 아직도 낮거리는 무덥고 가로수는 물들지 않았건만 그 어디인지 가을을 느끼게 되는 것은 도회인으로서의 민첩한 신경 때문이다. 하기는 초목이 드문 속에서도 언제부터인지 아침 저녁으로 벌레 소리가 요란해졌고 과실점에는 분가루를 쓴 포도가 송이송이 탐스럽기는 하다.
 아침 교실에서 맑은 정신으로 강의받는 학도의 주머니 속에서 무슨 실책으로인지 붉게 물든 능금 한 개 또르르 굴러내려 별안간 교실 안의 미소를 자아내게 한 그 허물없고 귀여운 한 폭의 정경 속에서도 첫가을의 호흡이 보이지 않는 바는 아니다. 그러나 이렇게 드물고 빈약한 소재보다는 역시 재빠르게 가을을 느끼는 마음 그것이 도회의 가을을 실어 오는 듯하다.
 지금 벽 속에서 느끼고 있는 가을은 거의가 기억 속의 가을이다. 한여름을 지내고 온 시골의 들, 늦은 볕이 쨍쨍 쪼

이던 수수밭, 조밭, 베인 후의 그루터기만 남은 옥수수밭, 그 옥수수단을 실은 '술기'를 끌고 오리 장간이나 되는 곧은 벌판 길을 타박타박 걸어가던 망아지보다도 작은 당나귀. 별안간 사람의 그림자가 줄자 곧게 움츠러든 듯한 바다······ 싸리꽃 피고 다래덩굴의 아래편 잎새 두어 잎 누르게 물들었던 지협(地峽)의 길가── 닫는 차 속에 바라보이는 고원 일대에는 잡초 속에 쭉 뽑아난 새풀 이삭이 간들간들 흔들렸다. 덕원(德源)에서 올랐다가 고산(高山)에서 내려 멀리 바라보이는 산 밑 뾰족 교회당을 향하여 길을 찾던 흑의(黑衣) 법사의 뒷모양에도 그 어디인지 가을의 기색이 흘렀고······.

의정부에서 오르는 산책객의 손에는 각각 까스런 가시 밤송이가 들렸었고 관서 평야에서는 무거운 벼이삭이 기름지게 누웠었다. 기억의 가을이 눈앞에 방불하여 두말 없이 그것이 도회의 가을의 감정을 돋는다. 늘 같은 건축, 같은 길, 같은 도구의 도회── 가을의 소재가 결핍한 거리의 복판에서는 별수없이 기억 속에서 가을의 인상이 올 수밖에는 없다.

대양을 건너온 신간 희곡서 속에서 먼저 계절을 찾으려고 애쓰는 마음── 역시 도회의 것이 아닌가 한다. 3막의 서곡 〈여름도 마지막〉에서는 제1막과 2막의 여름 후에 3막의 가을이 온다.

북부 메인에 있는 프로딩햄 만의 여름 별장 베이 카테지의 베란 다방. 고전의 아름다운 가구로 곱게 치장한 방. 방 안을 꾸민 보풀, 무명 보재들이 약식(略式)의 기분을 준다. 아름다운 오월의 오후, 후원으로 열린 창으로 막 잎 피기 시작한 백화(白樺)와 단풍나무가 보인다. 칡과 담쟁이덩굴이 자연석 돌담으로 뻗었다. 멀리 바다가 바라보인다.

이 여름의 첫 막이 있기 때문에 셋째 막의 가을은 인상적인 것이다.

"늦가을 나무들은 물들었다. 치자나무(슈맥)가 찬란하고 늙은 가을꽃을 달았다."

물든 나무와 붉은 꽃의 인상이 얼마나 선명한가. 이 선명한 인상은 신록의 백화와 단풍나무와의 대조에서 오는 것이다. 1막에서 3막으로의 비약에서 오는 것이다. 눈앞에 무대면이 보이는 듯도 한──가을의 묘사로 이 한 토막 정경은 거의 완벽에 가깝다. 이 희곡에 있어서 참으로 중요한 것은 이 계절의 인상이니 사건의 내용은 계절에 따라 제물에 생기는 것이다. 사건이 계절을 규정하는 것이 아니라 계절이 사건을 필요로 하는 것이다. 인물이 가을을 지배하는 것이 아니라 가을이 인물로 하여금 사건을 가지게 하는 것이다.

수목과 화초의 뜰을 버리고 잠시 항간(巷間)의 독거(獨居)에 몸을 던지고 있는 까닭에 당금 가을의 정감이란 별수 없이 신경을 가지고 기억과 서책에서 알뜰히 수입하여오는 것뿐이다. 인물을 배치한 가을의 풍경에 이르러서는 더한층 그러하다.

굳이 신변의 가을을 구하려면 방에서 조석으로 내다 보이는 눈앞의 한 폭을 들 수밖에 없다. 전폭의 창으로 내다보이는 행길 건너편 집의 후원──아마도 이름있는 요정인 듯이 짐작되나 확실한 것은 밝혀지지 않음이 운치 있는 것이므로 나는 아직도 그 정체를 모른다. 단청이 날아난 고풍의 후문으로 들여다보이는 조촐한 후정의 모양은 그대로가 한 폭의 그림과도 같다. 단청의 대문(大門)과는 반대로 내부의 의장은 근대적이어서 푸른 돌에 흰 돌을 박은 아롱진 포도(鋪道) 맞은편으로는 좌우를 연결하는 회랑이 가로 허공에 둘렸고 그 건너편이 짜장 후원인 듯이 넓은 줄로 짐작된다. 포도 옆으로는 주악돌을 편 속에 분재의 상록수와 청죽이 있고 등롱이 달리고 석탑이 섰고 회색 벽에는 담쟁이가 뻗어올라 두서너 잎새가 불그스름하게 물들었다. 다른 것은 다 그만두고라도 이 물든 담쟁이와 푸른 댓잎과 불빛이 유난히도 붉은 등롱은 확실히 초가을의 것이다.

저녁때가 되어 동자가 포도를 물로 씻고 주악돌과 상록수에 물을 끼얹은 후 저녁 불이 들어와서 살구씨 형상의 문등(門燈)이 제물에 켜지고 이윽고 등롱마저 불이 달리면 조락한 뜰 안은 항간의 것 아닌 듯이 맑고 푸르게 빛난다. 바라만 보아도 시원한 가을의 특수경이다.

말할 것 없이 대문의 농 속에 그려진 깨끗한 한 폭의 구도요, 기치(幾置)된 무대면이다. 무대면이라면 그렇게 꼭 짜인 무대면은 드물 듯하다. 안팎 뜰과 덩그런 회랑과 회랑의 좌우에 숨은 보이지 않는 방들—그 복잡하고 은근한 구석구석에 인물을 얼마든지 등장시켜 농간을 부릴 수도 있고 이야기를 꾸밀 수도 있는 것이다. 연출가에게는 참으로 수연(垂涎)의 장면일 듯하다.

그러나 연극이라는 것이 도시 극작가의 발명으로 되는 것인지 현실에 있어서는 그렇게도 짜인 무대면을 준비해놓았음에도 아기자기한 연극이 눈앞에서 좀체 일어나주지 않는 것이다. 날마다 저녁만 되면 허다한 인물들이—특히 여역(女役)들이 수많이 등장하면서도 종시 사건이 일어나지 않는다. 이루 한두 사람이 아니요, 다섯, 열, 수많은 분장의 여인들이 이따금 빈객을 보내고 맞이함인지 회랑을 중심으로 빈번히 움직이는 것이 보이나 끝내 이렇다 할 감동적 대목에는 이르지 않는다.

각색 의상으로 단장한 여군(女群) —— 끌리는 옷자락이며 드러난 목덜미며 하얀 발목이며 깨끗하고 아름답지 않은 것이 없다. 검은 머리에는 구슬이 희고 연지의 교소(嬌笑) 속에 또한 구슬을 머금었다. 그 아태(雅態)로도 사건을 빚어내지는 않는다. 가령 회랑 저편과 이편에 한 쌍이 마주 서서 그들만의 그 무슨 언약을 한다든지 상록수 아래 서서 속삭여 본다든지 하는 정도의 건도 없는 것이다.

바르뷔스의 《지옥》에서 가난한 은행원이 여관 방 벽틈으로 이웃 방의 군상의 연향(戀向)을 은밀히 바라보는 그런 심사로는 아니나 나는 눈앞의 한 폭의 움직임을 흥미를 가지고 바라본다. 될 수 있는 대로 가을이 그 속 인물들로 하여금 놀라운 사건을 빚어내게 하기를 기대하며 그 구도가 생생하게 발전하기를 바란다. 이 기대가 어그러지지 않을 때 이 과제의 답안도 완전할 것이나 지금은 아직도 미완성의 것임을 슬퍼하여 우선 무대로 향한 창을 닫는다.

사랑의 판도

 사랑의 판도는 대체 얼마나 넓어야 하는지 마치 독재자가 세계 지도를 잠식해 들어가면서 물릴 줄을 모르듯이 사람은 대개 애욕의 포화를 모르고 마는 것이 아닐까.
 수 평 뜰 안의 단란을 알뜰히 지키면서 한 걸음도 밖 세상을 모르는 사내가 있다. 나는 그런 사내를 존경하고 부러워한다. 그들 부부의 사이에 참으로 짙은 사랑이 흐를 때 그 좁은 영토의 권내같이 행복스런 곳이 또 있으랴. 그러나 세상에는 참으로 일컬어 사랑이라고 할 만한 경우가 드문 것이요, 사람은 왕왕 사랑이 아닌 것을 사랑이라고 착각하고 있는 수가 많다.
 사람이 평생에 꼭 한 사람만을 사랑해야 함이 옳은지 어쩐지 각각 나라와 경전과 습속을 따라 다를 것이나 육체적으로나 정신적으로나 사람같이 커다란 자유를 갈망해 마지않는 것도 없다. 팔에 사랑을 안고 다시 한눈을 팔게 된다고 해도 막을 수 없는 노릇이다. 태고적에 갈라진 각 개체의 분신들은 현대에 이르러 인종이 무한히 불어난 까닭에 혼돈한 속에서 착각에 빠지고 만 것이다. 단원체를 이원(二元)으로 갈라놓은 제우스 신의 실수였던 것이다.

 지난날의 사랑의 행장을 차례차례 더듬어볼 때 나는 참으로 참회의 의식 없이는 그 한 가지 한 가지를 생각할 수가 없다. 첫째 나 자신에 대한 참회요, 둘째로 가버린 아내에 대한 참회다. 아내에 대해 허물이 많았음을 나는 뉘우치면 다 뉘우칠 수 있을까 생각한다. 나도 아내를 사랑하지 않았던 것은 아니나 그가 나를 사랑한 십 분지 일도 갚아주지 못했음을 부끄러워한다. 그는 왜 그리도 나를 끔찍이 여겼던지. 오매지간에 한시라도 내 건강을 걱정해주고 나를 기쁘게 해주려고 노력하지 않은 시간이 없었다. 그것은 일종 무슨 술기(術氣)에라도 걸린 것 같은 일률적이요, 헌신적이요, 희생적인 사랑이었다. 나는 그 행복을 때로는 도리어 휘답답하게 여기면서 그의 놀라운 심조(心操)를 속으로 두렵게 여기고 공경했다. 그러면서도 한편으로는 마음의 주락(酒落)한 자유를 구해 마지않았던 것이다. 다욕스러운 불가신(不可信)의 남편이었던 것이다. 하늘에 부끄럽고 땅에 부끄럽다.

 사랑에 관한 한 나는 두꺼운 참회록을 쓰게 되어야 할 것이나 그것을 할 수 있을지 없을지는 의문이다. 한 구절도 빼지 않고 진실을 말하기는 어려운 까닭이다. 참회는 누구나 할 수 있는 수월한 노릇이 아닌 까닭이다. 루소에게도 그것은 어려웠다고 하니까 말이다.

 나는 그것을 모두 사랑이라고는 생각지 않는다. 사랑인

경우도 있었고 사랑이 아닌 경우도 있었다. 돈판의 경우는 사랑이 아니라 방탕이었다. 단테와 베아트리체, 로미오와 줄리엣——그런 경우만이 참으로 사랑인 것이다. 다섯 손가락을 꼽아도 남는 경우——그것은 반드시 사랑은 아니다. 그러므로 뉘우침이 있는 것이다.

아내는 생전에 가끔 나더러,

"당신의 이상의 여자란 대체 어떤 여자요"

하고 물었으나 나는 아내에게서 내 이상의 대부분의 구현을 보고 있었다. 육체적으로나 지적으로나 아내에게 미칠 여자는 아무 데서나 그리 수월하게 눈에 뜨이지는 않았다. 이것은 내 마음의 자랑의 하나였다. 그러나 사랑에 부질없이 이상만을 찾는 것도 여학교 졸업생의 설문 답안 같아서 신선미 없는 노릇이다. 나는 아내에게서 충분히 내 이상을 가지면서도 그에게 말하지 못한 가지가지의 비밀을 가지고 있었다. 그 비밀을 종시 모른 채 그는 갔다. 생각할수록 뼈가 아프다.

"착한 사람은 일찍 가는 법예요."

마지막 무렵에 모든 것을 예료했던지 병실 침대에서 아내는 누차 이 말을 되풀이했다. 참으로 그는 착했던 까닭에 너무도 단순했던 까닭에 일찍 갔는지도 모른다. 그리고 악한 까닭에 나는 남은 것이다——이렇게 생각하는 것이 지금 내게는 가장 마음 편한 노릇이다.

그러나 이만 정도의 참회로야 도저히 아내의 영을 위로할 수는 없다. 언제면 충분한 고백의 날이 올는지 그 날을 기다리는 수밖에는 없는 것일까.

노령 근해

동해안의 마지막 항구를 떠나 북으로 북으로! 밤을 새우고 날을 지나니 바다는 더욱 푸르다.

하늘은 차고 수평선은 멀고.

뱃전을 물어뜯는 파도의 흰 이빨을 차면서 배는 비장한 행진을 계속하고 있다.

마스트 위에 깃발이 높이 날리고 연기가 찬바람에 가리가리 찢겨 날린다.

두만강 넓은 하구를 건너 국경선을 넘어서니 노령(露領) 연해의 연봉이 바라보인다 —— 하얗게 눈을 쓰고 북국 석양에 우뚝우뚝 빛나는 금자색 연봉이.

저물어 가는 갑판 위는 고요하다.

살롱에서 술타령하는 일등 선객들의 웃음 소리가 간간이 새어 나올 뿐이요, 그 외에는 인기척조차 없다.

배꼬리 살롱 뒤 갑판. 은은한 뱃전에 의지하여 무언지 의논하는 두 사람의 선객이 있다. 한 사람은 대모(玳瑁)테 쓴 청년이요 한 사람은 코 높은 '마우재(러시아 사람)'이다.

낙타빛 가죽 셔츠 위에 띤 검은 에나멜 혁대이며 온 세상을 구를 만한 굵은 발소리를 생각케 하는 툽툽한 구두가 창 빠른 모자와 아울러 그를 한층 영웅적으로 보이게 한다.

연해주의 각지를 위시하여 네르친스크 치타 방면을 끊임없이 휘돌아치느니만큼 그들에게는 슬라브족다운 큼직한 호활한 풍모가 떠돈다.

마우재는 대모테 청년과 조선말 아닌 말로 은은히 지껄인다.

냄새 잘 맡는 ××는 빨빨거리며 어디든지 안 쫓아오는 곳이 없다.

정신없이 의논하다가도 그들은 가끔 말을 그치고 살롱 쪽을 홀낏홀낏 돌아본다.

── 거기에는 확실히 ××에서 쫓아오는 친구가 있을 것이다.

푸른 바다는 안개 속으로 저물어 간다.

어디서 나타났는지 흰 갈매기 두어 마리 끽끽 소리치며 배 앞을 건너 안개 속으로 사라진다.

갈매기 소리 사라지니 갑판 위는 더한층 고요하다.

뻥끼 냄새 새로운 살롱에서는 육지 부럽지 않은 잔치가 열렸다.

국경선을 넘어서 외지에 한 걸음 들여놓았을 때에 꺼릴 것 없이 진탕으로 마시고 얼근히 취하는 것이 그들의 하는 상습이다.

흰 탁자 위에는 고기와 과일 접시가 수없이 놓였고 술병과 유리잔이 쉴새없이 돌아다닌다.

대개가 상인인만치 그들 사이에는 주권 이야기, 미두 이야기가 꽃 피었다.

그들에게는 모든 것이 유리한 시장에서 어떻게 하면 싫도록 돈을 짜내 볼까 하는 것이 대머리를 기름지게 번쩍이는 그들의 똑같은 공론이다.

'서의 명령이니 쫓아만 오면 그만이지 바득바득 애쓰며 직무를 다 할 것은 없다'고 생각하는 ××의 친구도 한편 구석에서 은근히 어떻게 하면 배를 좀 불려 볼까 하는 생각에 똑같이 취하고 있다.

유쾌한 취흥과 유쾌한 생각에 그들은 마음껏 즐겁다.

술병이 쉴새없이 거품을 쏟는다.

유리잔이 쉴새없이 기울어진다.

흰 옷 입은 보이가 쉴새없이 휘돌아친다.

'놈들 도야지같이 처먹기도 한다.'

취사장에서 요리접시를 나르던 보이는 중얼거리며 윈치 옆을 돌아올 때에 남몰래 요리접시 두엇을 감쪽같이 빼서 윈치 뒤에 감춰 두었다.

'놈들의 양을 줄여서 나의 동무를 살려야겠다.'

살롱 갑판에서 몇 길 밑 쇠줄사다리를 타고 내려간 곳에 기관실이 있다.

흰 식탁 위에 술이 있고 해가 비치고 뺑끼 냄새 새로운 선창에 푸른 바다가 보이고 간혹 달빛조차 비끼는 살롱이 선경이라면 초열과 암흑의 기관실은 온전히 지옥이다 —— 육지의 이 그릇된 대조를 바다 위의 이 작은 집합 안에서도 역시 똑같이 노골적으로 드러내 놓고 있다.

어둡고 숨차고 보일러의 열로 찌는 듯한 이 지옥은 이브를 꼬이다가 아흐레 동안이나 아래로 아래로 떨어진 사탄의 귀양 간 불비 오는 지옥에야 스스로 비길 바가 아니겠지만 그러나 또한 이 시인의 환영으로 짜놓은 상상의 지옥이 이 세상의 간교로 짜놓은 현실의 지옥에야 어찌 비길 바 도랴.

얼굴을 익혀 가며 아궁 앞에서 불 때는 화부들, 마치 지옥에서 불장난치는 악마들같이도 보이고 어둠 속에 웅크린 반나체의 그들은 마치 원시림 속에 웅크린 고릴라와도 흡사하다.

교체한 지 몇 분이 못 되어 살은 이그러지고 땀은 멋대로 쏟아진다.

폭이 두 칸에 남지 않는 좁은 데서 두 칸에 남는 긴 화저로 아궁을 쑤시면 화기와 석탄재가 보얗게 화실을 덮는다.

다 탄 끄르터기를 바께쓰에 그득그득 담아 내고 그 뒤에 삽으로 석탄을 퍼던지면 널름거리는 독사의 혀끝 같은 불꽃이 확확 붙어 오른다.

둘째 아궁과 셋째 아궁마저 이렇게 조절하여 놓으면 기관실은 온전히 불붙는 지옥이다.

아궁 위의 여섯 개의 보일러는 백 파운드가 넘는 증기를 올리면서 용솟음친다.

불을 쑤시고 또 석탄을 넣고…….

땀은 쏟아지고 전신은 글자대로 발갛게 익는다.

양동이에 떠온 물이 세 사람의 화부 사이에서 볼 동안에 사라지고 만다. 사실 물이라도 안 마시면 잠시라도 견뎌 나갈 수가 없다.

북국의 바다 오히려 이러하니 적도 직하의 인도양을 넘을 때에야 오죽하랴.

── 이렇게 하여 배는 움직이는 것이다. 살롱은 취흥을 돋우리만치 경쾌하게 흔들리는 것이다.

교체한 지 반 시간만 넘으면 화부의 체력은 낙지다리같이 느른해진다. 부삽 하나 쳐들 기맥조차 없어진다.

보일러의 파운드가 내리기 시작한다.

면 브리지에서 항구의 계집을 몽상하던 선장은 전화통으로 소리친다.

"기관에 주의!"

"속력을 늘여라!"

역시 항구 계집의 젖가슴을 환상하던 기관장은 이 명령에 벌떡 일어나 화실로 쫓아온다.

"무엇들 하느냐!"

화부는 느릿느릿 아궁에 석탄을 집어넣는다.

"무엇 해 일하지. 너희들같이 편한 줄 아니."

그러나 이것이 입 밖에 나오지는 않았다. 폭발은 마땅한 때를 얻어야 할 것이다.

"부지런히 해라, 이놈들아!"

기관장의 무서운 시선이 화부들의 등날을 재촉질한다.

'부삽으로 쳐서 아궁 속에 태워 버릴까. 삼 분이 못 되어 재가 되어 버릴 것이다.'

이 똑같은 생각이 세 사람의 머리 속에 똑같이 솟아올랐다.

깊은 암흑.

이 세상과는 인연을 끊어 놓은 듯한 암흑의 공간.

—— 철벽으로 네모지게 이 세상을 막은 석탄고 속은 영원의 밤이다.

간단없는 동요 기관 소리가 어렴풋이 흘러올 따름.

이 죽음 속에 확실히 허부적거리는 동체가 있다. 허부적거릴 때마다 석탄덩이가 와르르 흩어진다.

"으 ——"

"아 ——"

이 원시적 모음의 발성은 구원을 부르는 소리라느니보다는 자기의 목소리를 시험하려는, 즉 생명이 아직 남아 있나 없나를 시험하여 보려는 듯한 목소리이다.

"으 ——"

"아 ——"

기맥이 쇠진하여 그 자리에 쓰러졌는지 잠시 고요하다.

가 와르르 흩어지는 석탄더미 위에 네 활개를 펴고 엎드린 청년의 초췌한 얼굴을 비춘다.

허벅숭이 밑에 끄스른 얼굴은 푸른빛을 받아 처참하고 저 혼자 살아 있는 듯한 말똥한 눈동자에는 찬바람이 휙휙 돈다.

"물!"

절망적으로 외치면서 다시 불을 그었다.

불빛에 조각조각 부서진 빵조각과 물병이 보인다.

흔드는 물병 속에는 한 방울의 물도 없다.

물병을 던지고 청년은 허둥허둥 일어서 또 외친다.

"물!"

"물!"
"무—울!"

어둠 속에서 미친놈같이 그는 싸움의 대상도 없이 혼자 날뛴다. 아니 싸움의 대상이 없는 것은 아니다. ××이 없는 것은 아니다. 그러나 눈앞에 보이는 것은 어둠뿐이요 기갈뿐이다.

석탄덩이가 어둠 속에서 난다.

두 주먹으로 철벽을 두드리는 소리 난다.

그러나 세상과 담쌓은 이 암흑의 공간에서 아무리 들볶아친다 하여도 그것은 결국 이 버림받은 공간에서의 헛된 노력에 지나지 못할 것이다 —— 독에 빠진 쥐의 필사적 노력이 독 밖의 세상과는 아무 인연을 가지지 못한 것 같이.

"아 ——앗!"

"물, 물, 무——울!"

그는 몸을 철벽에 부딪치면서 마지막 힘을 내었다.

급한 걸음으로 쇠줄 사다리를 타고 내려오는 발자취가 있다.

발자취 소리는 석탄고 앞에서 그쳤다.

회중전등의 광선이 달덩이 같은 윤곽을 석탄고 문 위에 어지럽게 던진다.

광선은 칠 벗은 검붉은 뺑끼 위에 한 점을 노리더니 그곳이 마침 열쇠로 열렸다.

찬바람이 얼굴을 스치고 어둠이 앞을 협박한다. 회중전등의 광선이 석탄고 속을 어지럽게 비추더니 나중에 한가운데에 쓰러져 있는 처참한 청년의 얼굴 위에 머물렀다.

"물!"

"물!"

두 팔을 내밀면서 그는 부르짖는다.

세상과 인연 끊겼던 이 암흑의 공간에 한 줄기의 광명을 인도한 사람은 살롱의 보이였다.

"미안하에"

하면서 그는 청년을 붙들고 그의 입에 물병을 기울인다.

"술을 따러라, 잔을 날러라 하면서 놈들이 잠시라도 놓아야지."

보이는 사과하는 듯이 그를 위로한다.

정신없이 물을 켜던 청년은 입을 씻고 숨을 내쉰다.

"정신을 차리고 이것을 먹게!"

보이는 가져왔던 바스켓을 열고 가지가지의 먹을 것을 낸다.

고기, 빵, 과일, 그리고 금빛 레테르 붙은 이름 모를 고급 양주 —— 일등 선객의 요리를 감춘 것이니 범연할 리 없다.

"그들의 한 때의 양을 줄이면 우리의 열 때의 양은 찰 걸세."

고마운 권고에 청년은 신선한 식욕으로 빵조각을 뜯으면서 동무에게 묻는다.

"대관절 몇 리나 남었나?"

"눈 꾹 감고 하루만 더 참게."

"또 하루?"

"하루만 참으면 목적한 곳에, 그리고 자네 일상 꿈꾸던 나라에 깜쪽같이 내리게 되네."

"오—— 그 나라에!"

청년은 빵조각을 떨어뜨리고 비장한 미소를 띠면서 꿈꾸는 듯이 잠시 명상에 잠겼다가 감동에 넘쳐 흘러내리는 한 줄기 눈물을 부끄러운 듯이 손등으로 씻는다.

"그곳에 가면 나도 이놈의 옷을 벗어버리고 이제까지의 생활을 버리겠네."

"아! 그곳에 가면 동무가 있다. 마우재와 같이 일하는 동무가 있다!"

울려 오는 배의 동요에 석탄덩이가 굴러내린다.

파도 소리와 기관 소리가 새롭게 들려 온다.

"그럼 난 그만 가보겠네. 종일 동안만은 충실해야 하잖겠나."

동무는 자리를 일어선다.

"하루! 배나 든든히 채우고 하루만 꾹 참게. 틈나는 대로 그들의 눈을 피해 내 또 한번 오리."

회중전등을 청년의 손에 쥐이고 입었던 속옷을 한 꺼풀 벗어 몸을 둘러 주고는 그는 석탄고를 나갔다.

두 층으로 된 삼등 선실은 층 위나 층 아래가 다 만원이다.

오래지 않은 항해이지만 동요와 괴롬에 지친 수많은 얼굴들이 생기를 잃고 떡잎같이 시들었다.

누덕감발에 머리를 질끈 동이고 돈벌러 가는 사람이 있다 —— 돈벌기 좋다던 '부령 청진 가신 낭군'이 이제 또다시 돈 벌기 좋은 북으로 가는 것이다. 미주 동부 사람들이 금나는 서부 캘리포니아를 꿈꾸듯이 그는 막연히 금덩이 구르는 북국을 환상하고 있다.

'부자도 없고 가난한 사람도 없고 다 같이 살기 좋은 나라'를 막연히 찾아가는 사람도 많다. 그 중에는 '삼년 동안이나 한닢 두닢 모아 두었던 동전'으로 마지막 뱃삯을 삼아서 떠난 오십이 넘은 노인도 있다.

'서울로 공부 간다고 집 떠난 지 열세 해 만에 아라사에 가서 객사한' 아들의 뼈를 추리러 가는 불쌍한 어머니도 있다.

색달리 옷 입고 분바른 젊은 여자는 역시 '돈벌기 좋은 항구'를 찾아가는 항구의 여자이다. '돈 많은 마우재는 빛깔 다른 조선 계집을 유달리 좋아한다'니 '그런 나그네는 하룻밤에 둘만 겪어도 한 달 먹을 것은 넉넉히 생긴다'는 돈 많은 항구를 찾아가는 여자이다.

이 여러 가지 층의 사람 숲에 섞여서 입으로 무엇인지 중얼중얼 외는 청년이 있다.

품에 지닌 만국지도 한 권과 손에 든 노서아어의 회화책 한 권이 그의 전 재산이다.

거개 배에 취하여 악취에 코를 박고 드러누운 그 가운데에서 그만은 말끔한 정신을 가지고 노서아어 단어를 한 마디 한 마디 외워 간다.

'가난한 노동자 —— 베드느이 라보 —— 취이.'

'역사 —— 이스토 —— 리야.'

'전쟁 —— 보이나.'

책을 덮고 눈을 감고 다시 한 마디 한 마디 속으로 외워 간다.

'깃발 —— 즈나 —— 먀.'

'아름다운 내일 —— 크라시브이 자브트라.'

창구멍같이 뽕 뚫린 선창에는 파도가 출렁출렁 들이친다.

흐린 유리창 밖으로 안개 깊은 수평선을 바라보는 젊은 여자, 그에게는 며칠 전 항구를 떠날 때의 생각이 가슴 속에 떠오른다.

―― 윈치가 덜커덜컥 닻 감는 소리 항구 안에 요란히 울렸다. 닻이 감기자 출범의 기적 소리 뚜 ―― 하고 길게 울리며 배가 고요히 움직이기 시작하니 부두와 갑판에서 보내고 가는 사람 손 흔들며 소리 지르며 수건 날렸다. 어머니도 오빠도 이웃 사람도 자기를 보내는 사람은 아무도 없었으나 배와 부두의 거리가 멀어지자 그에게는 눈물이 푹 솟았다. 어쩐지 다시 돌아오지 못할 길을 마지막으로 떠나는 것 같아서 배가 항구를 벗어나 산모롱이를 돌 때까지 정든 산천을 돌아보며 그는 눈물지었다. 눈물지었다! 눈물을 담뿍 뿜은 깊은 안개 선창 밖에 서리었고 갤 줄 모르는 애수 흐린 가슴 속에 서리었다.

대모테와 마우재는 무언지 여전히 은근히 지껄이며 삼등 선실 안으로 들어와 각각 자리로 간다.

노서아어에 정신없던 청년은 마우재를 보자 웃음을 띠우며 무언지 말하고 싶은 충동을 금할 수 없는 듯하다.

"루스키 하라쇼!"

"루스키 하라쇼!"

노령 근해

능치 못한 말로 되고말고 그는 이렇게 호의를 표한다.

마우재 역시 반가운 듯이 웃음을 띄우며 그에게로 손을 내민다.

밤은 깊었다.

바다도 깊고 하늘도 깊고.

깊은 하늘 먼 한편에 별 하난 반짝반짝.

연해의 하늘에 굽이친 연봉도 깊은 잠 속에 그의 윤곽을 감추었다.

높은 마스트 위의 붉은 불 푸른 불이 잠자는 밤의 아련한 숨소리 같이 빛날 뿐이요, 갑판 위는 고요하다. 고요한 갑판 난간에 의지하여 얕은 목소리로 수군거리는 두 개의 그림자가 있으니 대모테와 마우재이다.

인기척 없고 발자취 소리 끊어진 갑판 위에서 그래도 그들은 가끔 뒤를 돌아보며 무언지 은근히 의논한다.

뱃전을 고요히 스치는 파도 소리가 때때로 그들의 회화를 끊을 뿐이다.*

(노령 근해, 1931)

□ 연 보

1907년   2월 23일 강원도 평창군(平昌郡) 진부면(珍富面) 하진부리(下珍富里)에서 이시후(李始厚: 한성사범학교 출신)의 장남(1남 3녀 중의 독자)으로 출생하다.
1920년   경성제일고등보통학교에 입학. 어린 학생으로 성적이 우수하여 유진오(1년 선배)와 더불어 '꼬마 수재'라는 애칭을 받다. 재학시부터 현민(玄民)은 시를, 효석은 산문을 써서 자주 투고 발표하다.
1925년   경성제일고보 졸업. 경성제국대학 예과(문과 A) 입학, 예과시절 교우지(校友誌)《청량(淸凉)》, 동인지《문우(文友)》등에 이미 작품을 발표하다.
1927년   예과를 거쳐 법문학부 영문학과에 진학하다. 케럴드 와코니시 작〈밀항자〉를 번역해서 발표(《현대평론》).
1928년   〈도시의 유령〉발표 (《조선지광》).
1930년   경성제국대학 법문학부 영문학과 제2회 졸업.〈서점에 비친 도시의 일면상〉발표 (《조선일보》).

1931년　결혼. 대학 졸업 후 경제적 궁핍을 타개하기 위해 총독부 경무국 검열계에 취직을 했으나 주위의 지탄을 받게 되어 낙향. 그곳 경성농업학교 영어교원으로 부임. 〈노령근해(露領近海)〉(《대중공론》), 〈상륙〉(《삼천리》)을 발표.

1932년　현민 경성에 효석을 찾아가다. 서한문 〈최정희씨에게〉 발표 (《삼천리》). 장녀 나미(奈美) 출생.

1934년　평양숭실전문학교로 전직. 수필 〈두 처녀상〉(《월산 매신》), 〈이등변 삼각형의 경우〉(《월간 매신》) 발표.

1935년　〈성수부(聖樹賦)〉(《조선문단》) 발표. 차녀 유미(瑠美) 출생.

1936년　〈분녀(粉女)〉(《중앙》), 〈산〉(《삼천리》), 〈메밀꽃 필 무렵〉, (《조광》), 수필 〈내가 꾸미는 여인〉(《조광》), 〈수상록〉(《조선문학》) 발표.

1937년　수필 〈남창영양(南窓迎陽)〉(《조광》), 〈인물 있는 가을 풍경〉(《조광》) 발표. 장남 우현(禹鉉) 출생.

1938년　수필 〈낙랑다방기(樂浪茶房記)〉(《박문》) 발표.

1939년　〈황제〉(《문장》), 〈화분〉(《조광》), 수필 〈상하의 윤리〉(《문장》), 〈첫 고료〉(《박문》) 발표.

1940년　부인 사망. 〈벽공무한〉, 〈창공〉(《매일신문》), 수필 〈이성간의 우정〉(《여성》) 발표. 유아를 잃다. 만주·중국 등지 소유하다.

1941년　중요한 절단수술을 받다. 수필 〈북경호일(北京好

	日 〉〉(《삼천리》) 발표.
1942년	수필 〈사온사상(四溫肆想)〉, 〈채롱〉, 〈청포도의 사상〉 발표. 5월 3일 와병. 5월 6일 도립병원에 입원. 10일 후 절망 상태로 퇴원. 언어불능 의식 불명인 병상에 현민이 달려가다. 5월 25일 하오 7시 30분 별세. 향년 36세. 유해는 아버지의 손으로 향리(평창 진부)에 안장되다.
1971년	유저(遺著) 《효석문학전집》 전 5권(① 메밀꽃 필 무렵 ② 마음에 남는 풍경 ③ 화분 ④ 벽공무한 ⑤ 수상·서간문집).

지은이 소개

1907년 강원도 평창 출생. 호는 가산可山.
1925년 경성제국대학 예과에 압학함.
이때부터 동인활동을 시작함.
1927년 법문학부 영문과로 진학.
경향문학이 활발하던 당시, 학생으로서 단편 〈주리면…〉
발표. 현민玄民 유진오 등과 동반작가라는 지칭을 받음.
1934년 평양 숭실전문학교 교수로 부임.
1942년 36세로 작고할 때까지 수많은 작품을 남김.

낙엽을 태우면서(외)   값 6,000원

1982년 12월 30일   초판 1쇄 발행
1990년 3월 20일   2판 1쇄 발행
1994년 6월 10일   3판 1쇄 발행
2001년 5월 1일   4판 1쇄 발행
2004년 11월 15일   4판 2쇄 발행

   지은이   이 효 석
   펴낸이   윤 형 두
   펴낸데   범 우 사

등 록 1966. 8. 3. 제 406-2003-048호
413-832 경기도 파주시 교하읍 문발리 535-10
대 표   031-955-6900 / FAX 031-955-6905

* 파본은 교환해 드립니다.
  ISBN 89-08-03233-9 04810 (홈페이지)http://www.bumwoosa.co.kr
        89-08-03202-9 (세트)   (E-mail)bumwoosa@chollian.net

온고지신(溫故知新)으로 21세기를!

범우고전선

시대를 초월해 인간성 구현의 모범으로 삼을 만한 책을 엄선

1 유토피아 토마스 모어/황문수
2 오이디푸스王 소포클레스/황문수
3 명상록·행복론 M.아우렐리우스·L.세네카/황문수·최현
4 깡디드 볼페르/염기용
5 군주론·전술론(외) 마키아벨리/이상두
6 사회계약론(외) J. 루소/이태일·최현
7 죽음에 이르는 병 키에르케고르/박환덕
8 천로역정 존 버니언/이현주
9 소크라테스 회상 크세노폰/최혁순
10 길가메시 서사시 N. K. 샌다즈/이현주
11 독일 국민에게 고함 J. G. 피히테/황문수
12 히페리온 F. 횔덜린/홍경호
13 수타니파타 김운학 옮김
14 쇼펜하우어 인생론 A. 쇼펜하우어/최현
15 톨스토이 참회록 L. N. 톨스토이/박형규
16 존 스튜어트 밀 자서전 J. S. 밀/배영원
17 비극의 탄생 F. W. 니체/곽복록
18-1 에 밀(상) J. J. 루소/정봉구
18-2 에 밀(하) J. J. 루소/정봉구
19 팡 세 B. 파스칼/최현·이정림
20-1 헤로도토스 歷史(상) 헤로도토스/박광순
20-2 헤로도토스 歷史(하) 헤로도토스/박광순
21 성 아우구스티누스 고백록 A. 아우구스티누/김평옥
22 예술이란 무엇인가 L. N. 톨스토이/이철
23 나의 투쟁 A. 히틀러/서석연
24 論語 황병국 옮김
25 그리스·로마 희곡선 아리스토파네스(외)/최현
26 갈리아 戰記 G. J. 카이사르/박광순

27 善의 연구 니시다 기타로/서석연
28 육도·삼략 하재철 옮김
29 국부론(상) A. 스미스/최호진·정해동
30 국부론(하) A. 스미스/최호진·정해동
31 펠로폰네소스 전쟁사(상) 투키디데스/박광순
32 펠로폰네소스 전쟁사(하) 투키디데스/박광순
33 孟子 차주환 옮김
34 아방강역고 정약용/이민수
35 서구의 몰락 ① 슈펭글러/박광순
36 서구의 몰락 ② 슈펭글러/박광순
37 서구의 몰락 ③ 슈펭글러/박광순
38 명심보감 장기근
39 월든 H. D. 소로/양병석
40 한서열전 반고/홍대표
41 참다운 사랑의 기술과 허튼 사랑의 질책 안드레아스/김영락
42 종합 탈무드 마빈 토케이어(외)/전풍자
43 백운화상어록 백운화상/석찬선사
44 조선복식고 이여성
45 불조직지심체요절 백운선사/박문열
46 마가렛 미드 자서전 M.미드/최혁순·최인옥
47 조선사회경제사 백남운/박광순
48 고전을 보고 세상을 읽는다 모리야 히로시/김숭일
49 한국통사 박은식/김숭일
50 콜럼버스 항해록 라스 카사스 신부 엮음/박광순
51 삼민주의 쑨원/김숭일(외) 옮김

계속 펴냅니다

범우사 서울시 마포구 구수동 21-1호. TEL 717-2121, FAX.717-0429
http://www.bumwoosa.co.kr (천리안·하이텔 ID) BUMWOOSA